Heiko Schnickmann

Afrika
Versuche über einen Kontinent

Heiko Schnickmann

Afrika

Versuche über einen Kontinent

Rediroma-Verlag

Bibliografische Information der Deutschen Nationalbibliothek:
Die Deutsche Nationalbibliothek verzeichnet diese Publikation in der Deutschen Nationalbibliografie; detaillierte bibliografische Daten sind im Internet über http://dnb.ddb.de abrufbar.

ISBN 978-3-96103-350-8

www.rediroma-verlag.de
8,95 Euro (D)

Inhaltsverzeichnis

Prolog

Ich bilde mir ein, ein recht guter Redner zu sein und dabei meine Zuhörer unterhalten zu können. Da Menschen wiederkommen und mir durchaus bestätigen, dass ihnen meine Vorträge gefallen, scheine ich mit dieser Einbildung nicht ganz falsch zu liegen. So kommt es, dass ich zu Themen, die mich faszinieren, beginne zu recherchieren und selber zu forschen, um anschließend einen Vortrag halten oder einen Artikel schreiben zu können oder – wie im Fall des vorliegenden Buches – beides.

Seit dem Ende meines Studiums begleiteten mich vor allem drei Projekte. Es war einmal die Tiergeschichtsschreibung, dann die Überseegeschichte und zu guter Letzt kam auch noch die Regionalgeschichte des Wuppertals dazu. Der zeitliche Fokus lag dabei immer auf dem Mittelalter und der frühen Neuzeit.

Im Zuge meiner Tierforschungen erhielt ich eine Einladung, auf dem Afrikanistenkongress in Köln zu sprechen. Es sollte um Tiere in Afrika gehen. Zu diesem Zeitpunkt arbeitete ich gerade an meinem Tierbuch über den Einfluss europäischer Haustiere auf die außereuropäische Welt. Weil ich wusste, dass ich zu Afrika kaum etwas zu sagen hatte, lehnte ich ab, doch die Initiatorin blieb hartnäckig und so fand ich mich auf dem besagten Kongress in Köln wieder – inmitten von Menschen, die mehr über Afrika wussten als ich und die oftmals aus einer akademischen Ecke kamen, die mir vollkommen fremd war. Ich hielt meinen kleinen Vortrag von 15

Minuten und machte mir dann einen schönen Tag in Köln.

Obwohl Afrika zu diesem Zeitpunkt noch unendlich weit weg erschien, gehörte es mit der ganzen Komplexität seiner Kulturen wohl doch schon immer zu meinen Arbeiten dazu (mit Ausnahme der Wuppertaler Regionalgeschichte vielleicht). Schon vor Jahren hielt ich etwa einen Vortrag zu Schädelkulten in aller Welt – damals beeinflusst von meiner Mitarbeit an der gleichnamigen Ausstellung im Archäologiemuseum in Herne.

Diesen beiden eher zufälligen Umständen sind die beiden ersten kurzen Essays in diesem Band zu verdanken. Ich habe mich aus zwei Gründen für diese Form entschieden. Zum einen ist das Essay sicherlich die Sachtextform, die einem Vortrag am nächsten kommt. Zum anderen ist ein Essay stets ein Versuch etwas zu erklären. Afrika zu erklären, wäre ein vermessenes Projekt, zudem ich unfähig bin. Ich kann einzelne kleine Aspekte ankratzen und habe dies dann auch getan.

Die drei anderen Essays dieses Bandes sind keine Zufallsprodukte anderer Arbeit. Sie sind bewusst entstanden, weil ich begann, mich mit Afrika zu beschäftigen. Grund dafür war eine Geschichte, die sich Ende der 1980er Jahre in Wuppertal zugetragen hat: Eine Frau mit Wurzeln im Kongo kam mit ihrem wenigen Monate alten Töchterchen in ein Krankenhaus und erklärte den Ärzten, die Tochter habe starke Schmerzen, sie höre nicht auf zu schreien und überhaupt sei irgendetwas nicht in Ordnung. Die Ärzte wussten nicht, was zu tun war und packten die Frau, die schon seit ein paar Jahren in Deutschland lebte, und ihre in Deutschland geborene Tochter daher erst einmal in Quarantäne, weil sie eine Tropenkrankheit diagnostiziert hatten. Schließlich stellte sich heraus: Die Krankheit ist Sichelzellenanämie, nicht ansteckend, nur vererbbar.

Aus solchen Geschichten ergeben sich Fragen. Zum einen solche ganz banaler Art. Wo liegt der Kongo und warum will man da weg? Warum geht man dann nach Deutschland? Was ist diese Sichelzellenanämie? Zum anderen komplexere Fragen: Ist das Verhalten der Ärzte Rassismus? Wie hoch ist eigentlich die Verbreitung dieser Krankheit und welche Auswirkungen hat das auf Geschichte und Gesellschaft eines Volkes? Aus den Antworten ergaben sich immer wieder neue Fragen, die ich in den letzten drei Essays dieses Bandes probiert habe, zu beantworten.

So ist der dritte Essay das Produkt meiner Beschäftigung mit dem Kongo. Schon vorher hatte ich viel gelesen und die 1884/5 in Berlin stattfindende Kongo-Konferenz, in der die Zukunft des afrikanischen Kontinents besprochen wurde, ohne auch nur einen Afrikaner dazu einzuladen, kannte ich auch.

Das Bild, das man als Europäer von Afrika hat, ist durch dieses Ereignis und seine Auswirkungen, die Bürde des weißen Mannes, geprägt. All das, was heute in Afrika schief läuft, wird gerne als Ergebnis dieses Prozesses und seiner Folgen gewertet. Das Problem daran ist aber recht einfach dargestellt: Wenn man dieses Behauptung aufstellt, dann macht man die heute in Afrika lebenden Menschen erneut zu Objekten und nimmt ihnen so die Möglichkeit, Akteur zu sein.

Aber, und das ist mein Ansatz in diesen drei Essays, es ist nötig, sie als Akteure darzustellen, Akteure ihres eigenen Schicksals. Dieses ist zwar mit dem Europas verbunden, aber auch mit dem Asiens und eigentlich der ganzen Welt. Dieser Subjektstatus macht den Versuch, etwas über afrikanische Geschichte zu schreiben so spannend. Daher war es mir ein Anliegen den Kongo anders darzustellen. Sicherlich durch vielw der Bücher, Artikel und Aufsätze über den Kongo beeinflusst, die ich zur Vorbereitung gelesen hatte, werden die Kongolesen und ihre reiche Geschichte komprimiert und nur in einem Überblick dargestellt. Der Fokus liegt auch dabei auf der Zeit vor dem 19. Jahrhundert.

Das vierte Essay widmeten sich dem Thema *Rassismus*, der erst in der Auseinandersetzung mit dem Fremden, dem afrikanischen Anderen entstehen konnte. Kaum ein Gegensatzpaar ist für den Rassismus so bedeutend wie der Unterschied zwischen weiß und schwarz. Alleine dieses Paar aber ist ja eine pure Erfindung, denn weder sind Europäer weiß, noch Afrikaner schwarz. Und dennoch wurde die Hautfarbe zu einem entscheidenden Merkmal einer Entwicklung, deren Beginn ich im 18. Jahrhundert verorte.

Der Rassismus wird in diesem Essay definiert und klar von der Xenophobie und der Wunsch nach Assimilation abgegrenzt. Erst ab dem 18. Jahrhundert wird flächendeckend einigen Menschen die Möglichkeit zur Assimilation aufgrund ihrer Herkunft und ihres Äußeren abgesprochen. Welche Ursachen es dafür gibt, war die leitende Frage bei dem Vortrag, der die Grundlage für das Essay bildet.

Das letzte Essay beschäftigt sich mit dem Afrika in der Zeit des Mittelalters. Entstanden ist er aus einer tiefer gehenden Frage nach den Kulturen und Ursprüngen Afrikas. Das Diktum Hegels, Afrika sei ein geschichtsloser Kontinent, das bis heute oftmals das Bild prägt, das die Welt von Afrika hat (naive Naturvölker, die in schöner Natur leben), soll aufgebrochen werden, in dem bewusst ein Blick auf die Zeit geworfen wird, in der Europäer noch nicht (oder besser: kaum) in Afrika zu finden waren.

Das Essay ist geprägt von Netzwerken innerhalb und außerhalb des Kontinents. Es geht um Kulturen und Reiche, um Karten und Quellen und nicht zuletzt auch um die Frage nach dem Ende dieser Kulturen. Denn diese Frage ist ja implizit mitgestellt: Wenn es das alles gab, warum konnten die Europäer so großen Einfluss ausüben? Wieso hat es keiner bemerkt, so dass Hegel quasi unwidersprochen von einem geschichtslosen Kontinent sprechen konnte. Diese Frage muss der geneigte Leser jedoch selbst beantworten. Antworten von solcher Komplexität gehören kaum in einen Essay-Band.

Dieses Buch wäre nicht möglich gewesen ohne Menschen, die direkt oder indirekt meine Gedankenwege beeinflusst haben. Dazu gehört in erster Linie die Familie Makanisa, die durch ihre freundliche Art und schiere Präsenz, die notgedrungen zwischen Afrika und Europa changiert, geholfen haben, mir Gedanken zu machen.

Ihnen und ihrem Hilfsverein *Bethlehem – Hilfe für Bedürftige e.V.*, der sich um eben solche im Kongo kümmert, ist dieses Buch gewidmet.

Wuppertal, den 10. März 2018

Heiko Schnickmann

Die Familie *Equidae* in Afrika: Kulturelle Übersetzung zwischen Afrika und Europa am Beispiel des Pferdes

„Muss man wirklich daran erinnern, dass in den Umweltwissenschaften die begriffliche Meinungsführerschaft nicht bei den Historikern liegt?“
– Bernd Hermann

Mit diesen Worten kritisiert der Anthropologe Bernd Hermann (Göttingen) das Überblickswerk zur Umweltgeschichte der Frühen Neuzeit von Reinhold Reith. Er macht damit auf ein Problem aufmerksam, das immer wieder auffällt. Umwelthistoriker, und zu dieser Gattung gehören Tierhistoriker nun auch, haben kaum Kontakt zu ihren Kollegen in den Naturwissenschaften und konsultieren darüber hinaus auch nicht deren Bücher. Anhand des Bakteriums lässt sich das sehr deutlich machen. Dem Tierforscher gilt es als nicht kulturwissenschaftlich erforschbar. Wenn man aber schon sublime biologische Grundkenntnisse zur Hilfe nimmt, kann man dieses Dilemma schnell und (sogar noch) elegant auflösen. Denn da Bakterien über keinerlei Zellkern verfügen, gehören sie gar nicht erst in die Domäne der Eukaryoten, und somit auch nicht in die Taxonomie *Tier* (welches ja im besten Fall den Schwerpunkt eines Tierhistorikers bilden sollte).

Was ist damit gemeint? Wer über Räume spricht, der darf geographische Räume ebenso wenig außen vor lassen wie kulturelle Räume, da beide sich gegenseitig bedingen. Der geographische

Raum, zu dem die gesamte Umwelt gehört, prägt den kulturellen Raum. Ohne eine Bestimmung des ersten, ist eine Analyse des zweiten nur schwerlich möglich. Im Folgenden soll daher probiert werden, mit einer solchen Analyse, die nur kurz und oberflächlich ausfallen kann, anhand der Familie der *Equidae*, dem tierischen Raum Afrikas näherzukommen.

In einem ersten Teil werde ich kurz durch prähistorische Zeugnisse den geographischen Raum untersuchen, der sich mit der natürlichen Verbreitung der *Equidae* befasst, um dann in einem zweiten Teil mit den daraus gewonnenen Erkenntnissen die Bildung zweier unterschiedlicher Kulturräume nachzuzeichnen, deren Übersetzung ich dann in einem dritten Teil darstellen will.

Ich möchte damit beginnen, einführend erst einmal den Begriff *Familie* innerhalb der biologischen Taxonomie zu klären. Als *Familie* wird das Taxon über der Gattung und unterhalb der Ordnung bezeichnet. Um es am Pferdebeispiel einmal deutlich zu machen. Das Pferd gehört zusammen mit Rhinozeros und Tapir zur Ordnung der Unpaarhufer. Es bildet zusammen mit Esel und Zebra die eigene Familie der Pferdeartigen bzw. *equidae*. Die Einmaligkeit dieser drei Tiere lässt sie sogar dieselbe Gattung, die der *equus*, bilden.

Die Entwicklungsgeschichte des Pferdes gehört in der Evolutionsbiologie zu den am besten dokumentierten aller Säugetiere. Ihren Ursprung nahm diese Entwicklung in Amerika vor 58 Millionen Jahren, wie paläontologische Funde belegen. In

Koevolution mit den Hundeartigen fand eine Wanderbewegung statt, die andere Urformen des Pferdes über die Beringstraße nach Asien trieb und von dort schließlich bis nach Afrika, wo sie vor 10 bis 15 Millionen Jahren ankamen. Innerhalb dieser Epoche des Miozäns starben viele Mitglieder der Familie aus und einzig Dinohippus blieb, aus dem sich die heutigen Mitglieder der Familie entwickelten.

Abgesehen vom australischen und dem antarktischen Kontinent entwickelten sich Pferde demnach überall auf der Welt. Jedoch starben die Pferde, aus bisher unbekannten Gründen vor etwa 10.000 Jahren auf dem amerikanischen Kontinent aus, so dass es lediglich in der Alten Welt zur Begegnung von Mensch, Pferd, Esel und Zebra kam. Für die Art des Wildpferdes führte dieser Kontakt im Gebiet des Don und des Dnjepr zur Domestikation vor etwa 7000 Jahren. Von diesem zentralen Ort aus verbreitete sich das Pferd nach Asien, den Nahen Osten und auch nach Europa.

Afrika hingegen ist eher für zwei andere Arten der Familie der *Equidae* bekannt. So war der Afrikanische Esel ein Erfolgsmodell, das sich im gesamten Maghreb bis in den Nahen Osten wiederfand. Seine Domestikation fand im Fruchtbaren Halbmond vor 6000 Jahren statt; in Nordafrika ist sie vor 4000 Jahren belegt. Sein Nutzen als Reit- und Lasttier sorgte für eine Verbreitung im gesamten Mittelmeerraum und später auch nach Europa.

Die Zebras sind die einzigen Mitglieder der Familie, die es weiter nach Süden auf dem afrikanischen Kontinent geschafft haben.

Warum dies nur ihnen gelang, war lange Zeit ein Rätsel, das zunächst damit erklärt wurde, dass sich aus evolutionärer Sicht die Streifen des Zebras als besonders nützlich gegen Prädatoren erwiesen hätten, so dass sich eben besonders die gestreiften Urformen des Pferdes durchsetzen konnten. Bereits Anfang der 1980er Jahre machte jedoch Jeffrey Waage darauf aufmerksam, dass dies nicht der Grund sein könne. Mit Hilfe eines Experimentes konnte er zeigen, dass die Streifen nicht das Großwild, sondern vielmehr die Tsetsefliege abschreckten. Da diese die auch für Pferde tödliche Krankheit der Malaria überträgt, überlebten letztlich nur die gestreiften Exemplare, aus denen sich schlussendlich die Art der Zebras entwickelte. Im Gegensatz zu ihren Verwandten im Norden, fand eine – zumindest dauerhafte – Domestikation dieser Tiere nicht statt.

Nach diesen rein geographischen und enzyklopädischen Betrachtungen zum Raum der Tiere, soll es nun im zweiten Teil um den Kulturraum gehen. Aus dem ersten Teil sind zwei Umstände dabei im Hinterkopf zu behalten.

1. Die Familie der *Equidae* ist in Wild- bzw. Hausformen in Europa und Afrika bekannt.

2. Eine Domestikation von Pferd und Esel fand in Europa und dem Mittelmeerraum, nicht aber im subsaharischen Afrika statt.

Damit ist nun ein Rahmen abgesteckt, der näher betrachtet werden soll. In einer Kultur mit domestiziertem Pferd, entwickelt sich eine andere Funktion des Pferdes im Raum, als in einer Welt ohne Domestikation des Huftiers.

Zunächst soll diese Funktion bestimmt werden. Dies lässt sich noch immer am ehesten mit einem Zitat aus dem Buch Hiob entwickeln:

> „Gibst Du dem Pferd die Stärke, legst Du ihm die Mähne an? Machst Du es springend wie die Aribä (eine Heuschreckenart), sein prächtiges Schnauben ist schrecklich. Es scharrt in der tiefen Ebene und es freut sich seiner Kraft, es zieht aus, den Rüstungen entgegen. Es verlacht die Furcht, erschreckt nicht und wendet sich nicht wegen des Schwerts. Über ihm klirren sie, der Köcher, der blitzende Speer und der Wurfspieß. Mit Ungestüm und Zorn streift es die Erde und ist nicht unsicher, wenn die Trompete laut ertönt. So oft die Trompete ruft, sagt es: Siehe da! Aus der Ferne wittert es die Schlacht, die donnernden Stimmen der Feldherren und das Kriegsgeschrei“

Das Pferd trennt, und hier ist nun tatsächlich vom *Equus ferus caballus* die Rede, in allen Regionen, in denen es domestiziert wurde, Krieg und Frieden. Die oben genannte Stelle aus Hiob macht dies deutlich. Die dort dargestellten kriegerisch-negativen Attribute des Pferdes sind vor allem darauf zurückzuführen, dass die Hebräer immer wieder von den Heeren der Ägypter und der Völker Mesopotamiens angegriffen wurden. Wäre dieser Umstand nicht, kaum gäbe es die aggressive Kriegsassoziation.

Davon abgeleitet trennt das Pferd auch den sozialen Raum. Egal ob römischer Eques oder mittelalterlicher Ritter, immer zeugt der Besitz des Pferdes von hohem Einkommen und auch einem hohen sozialen Prestige. Es erfüllt somit die Funktion eines Raumtrenners.

Für den Esel, der für den kriegerische Einsatz und damit für eine ehrenvolle Funktion nicht eingesetzt wurde, muss anderes gelten. Als Tier des alltäglichen Lebens ist seine Funktion im Raum der Pferde domestizierenden Kulturen eine andere. Er ist unverzichtbares Instrument für Landwirtschaft und Handel. Sein Aufgabenfeld besteht im Tragen von Lasten und zum Teil auch von Personen. Dabei ist die Ausgangslage für diesen Dienst am Menschen alles andere als ideal. Der Esel gilt als störrisch und sein in manchen Fällen auftretende Widerwille dem Menschen zu gehorchen, brachte ihm zudem den Leumund des dummen Esels ein. Freilich zeigt sich in diesem Verhalten oft eine große Vorsicht, die sich am alttestamentalischem Beispiel der Eselstute des Propheten Bileam aufzeigen läßt. Als dieser sich gegen die Weisung Gottes wendet, und seinem Auftrag nachgehen möchte, zu dem er auf seinem Esel reiten muss, verhält sich das Tier seltsam und bleibt schließlich auch mitten in einer Schlucht stehen. Voller Ungeduld schlägt Bileam seine Stute, bis ihm plötzlich der Grund für deren Verhalten vor Augen erscheint. Für ihn wird der Engel sichtbar, der ihn mit dem Schwert erschlagen soll, wenn er nicht augenblicklich umkehrt. Seine Eselin freilich hatte den Engel schon die gesamte Zeit bemerkt, wodurch sich ihr Verhalten im Nachhinein erklärt.

Welche Rückschlüsse lassen sich aus diesem Verhalten zur Funktion des Esels im europäischen Kulturraum ziehen? Der Esel ist in erster Linie ein ganz realer Raumüberbrücker. Seine Stärke liegt im Transport von Personen und Material. Tiefer gehend, hat er zudem, das zeigt die Erzählung um Bileam, die Eigenschaft des vorsichtigen Wahrnehmens von Räumen und besitzt so eine Schutz- und Abschirmfunktion für den Menschen.

Dennoch, wird der Esel oftmals unterschätzt, so etwa dann, wenn Frederick Zeuner behauptet, dass „der wichtigste Beitrag des Esels für die Tierzucht sein Anteil an der Entstehung des Maultiers" gewesen sei. Die Kreation dieser Tiere, die aus der Kreuzung zwischen Pferdestute und Eselhengst entstehen, beginnt aller Kenntnis nach in der 1. Hälfte des 2. Jahrtausends v. Chr. in Mesopotamien. Für großangelegte Verbreitung sind in früherer Zeit vor allem die Araber verantwortlich, die in ihrem von Spanien bis an das Rote Meer reichendem Einzugsgebiet diese Züchtungen vorantrieben.

Dieser Umstand führte in Spanien zu einer regionalen Besonderheit in Bezug auf die Nutzung des Maultiers zur Zeit der Reconquista. Mit einem Erlass König Alfons X. wurde 1248 das Maultier zu einem Raumtrenner in Spanien. Der Erlass verbot Edelmännern auf Maultieren zu reiten. Einzig Frauen und Klerikern war diese Fortbewegung noch erlaubt. So wurde durch das Maultier plötzlich eine multidimensionale Trennung vollzogen, die in diesem Fall zwischen den Geschlechtern und den Ständen verlief. Darüber hinaus war ein solches Edikt auch gegen den arabischen Einfluss gerichtet, so dass das Maultier auch zwischen Spaniern und Arabern differenzierte.

Von dieser regionalen Besonderheit abgesehen, steht das Maultier, dessen Nutzung der des Esels gleicht und ihm somit auch seiner räumlichen Funktion nacheifert, in dem Pferde domestizierenden Kulturraum für einen bemerkenswerten Bruch zwischen den bisher beschriebenen Räumen von Natur und Kultur. Waren diese bisher gleichwertig, erreicht der domestizierende Mensch mit den künstlich geschaffenen Hybriden zwischen den Arten Pferd und Esel eine Entwicklungsstufe, die den Kulturraum vom Naturraum nicht bloß trennt, sondern diesen auch überwindet.

Wenn man diese Überlegungen zum Pferde domestizierenden Kulturraum zusammenfasst, so sind einige wenige Aspekte Ausschlag gebend. Der Mensch dieses Kulturraums scheint sich durch die Macht der Zucht dem Naturraum überlegen zu fühlen, kann seinen sozialen Raum durch den Besitz von Pferden einteilen und beherrscht den geographischen Raum durch Ausnutzung tierischer Eigenschaften.

Wechselt man auf den afrikanischen Kontinent und schaut das Zebra an, so muss klargestellt werden, dass die Funktion des Raumtrenners zunächst aufgehoben ist. Vielmehr scheint es Räume miteinander zu verbinden. Besonders das Volk der Manyika im heutigen Zimbabwe war dem Zebra zugetan. Hier zeigt eine Totemfigur sogar Verwandtschaft zwischen Klan und Zebra auf.

Dennoch ist das Zebra in afrikanischen Kulturen als Raumtrenner bekannt. Im Bereich des Kongo etwa war das Zebra, wenn auch nicht ausschließlich, Zeichen des Herrschaftskults, wenn etwa sein Schenkel den Häuptling kennzeichnet oder die Anführer in Tieren wie dem Zebra wiedergeboren werden.

Da nun beispielhaft geklärt ist, welche Bedeutung den Tieren in unterschiedlichen kulturellen Räumen zukommt, gilt es, aufzuzeigen, wie sich die kulturelle Übersetzung zwischen ihnen darstellt. Frühste Zeugnisse von Übersetzung dieser verschiedenen räumlichen Vorstellungen findet man z. B. im Mittelalter. So weisen zahlreiche arabische Reiseberichte des 11. – 13. Jahrhunderts bereits auf eine Etablierung des Pferdes als Statussymbol hin, was auch noch später gilt, wie etwa Valentin Ferdinand zu Beginn des 16. Jahrhunderts zu beschreiben weiß:

> “Diese Sanhaja gehen überland nach Safi, das über 200 Leugen entfernt ist und kaufen dort Pferde und bringen sie zu den Jolofs der Schwarzen und tauschen sie gegen Sklaven. Diese Sklaven bringen sie nach Arguim, um sie an Christen gegen Getreide und Kleidung zu verkaufen. Und einige dieser Dinge bringen sie dann wieder zu den Mohren und geben sie für Pferde wieder ab.”

Wie lässt sich dieser rasche Aufstieg des Pferdes erklären? Zwei sich ergänzende Möglichkeiten sollen angerissen werden. Zunächst eine rein wirtschaftliche. Da Pferde vor allem als Handelsgut galten, wird der nicht gerade niedrige Preis von Pferden, zu dem die arabischen Händler diese Ware verkauften, dafür gesorgt haben, dass eine besondere Wertschätzung der Pferde begonnen hat, die einher ging mit ihrer Bedeutung als Zeichen des Prestige, oder kurz: Das Pferd kostete viel, ist somit ein exklusives Gut und daher nur einem begüterten Personenkreis vorbehalten! Die gleichzeitig implizierte sozial-räumliche Dimension liegt geradezu auf der Hand. Da bereits vorher bei einigen Völkern über das Zebra eine sozial höhere Stellung des Häuptlings etabliert war, konnte ohne Probleme auch das Pferd in diese räumliche Vorstellung integriert werden.

Zu Maultier und Esel sind solche Berichte nicht bekannt. Als Nutztiere wurden sie vor allem dann eingeführt, als man im 19. Jahrhundert mit der europäischen Kolonisation Afrikas begann. Wie auch schon in früheren Zeiten führte erst diese Bewegung und mit ihr die Einfuhr des europäischen Landwirtschaftssystems zu weitreichenden Veränderungen. Beispielhaft sei daran erinnert, dass während der deutschen Kolonalisierungsbemühungen auch die Pferde- und Maultierzucht in Deutsch-Südwestafrika eingeführt wurde.

Spannender scheint es daher einen Blick darauf zu richten, wie der Europäer mit der Fauna Afrikas umging. Am Beispiel der Zebras von Baron Rothschild, sei dies abschließend gezeigt. Rothschild, 1868 als Sohn einer Bankiers-Dynastie geboren, war ein begeisterter Amateur-Zoologe, der sich besonders mit Vögeln und Schmetterlingen befasste. Die Fauna Afrikas jedoch hatte es ihm besonders angetan. Gestützt auf das ungeheure Vermögen seiner Familie errichtete er einen Privatzoo, in dem er im Stil der frühneuzeitlichen Menagerie Tiere aus allen Ländern des Britischen Empires ausstellte. Darunter auch Zebras. Mit diesen jedoch hatte er etwas besonders vor. Die nie domestizierten Tiere wurden von Rothschild so dressiert, dass sie in der Lage waren, Kutschen zu ziehen, was er auch, mit einer Fahrt durch London bis in den Vorhof des Buckingham Palace, publikumswirksam vorführte. Darüber hinaus reihte er sich auch in den Reigen derer ein, die Hybriden zwischen Pferden bzw. Eseln und Zebras züchteten, von denen auch Darwin schon geschrieben hatte.

Zur Deutung von Rothschilds Benehmen gegenüber den Zebras braucht nicht viel gesagt werden. Er wandte einfach das Denken der Pferde domestizierenden Kultur auf ein bis dato nicht domestiziertes Tier an. Einzig die Frage, welchem Mitglied der Familie der Pferde das Zebra angepasst wird, bleibt. Sie ist auch nicht eindeutig zu klären. Rothschild benutzte Zebras in erster Linie als Zugtiere, eine Aufgabe, die im 19. Jahrhundert sowohl Pferde als auch Esel vollbrachten. Aber Rothschild wurde auch beim Parcoursreiten, einem Sport, der eigentlich ausschließlich mit Pferden veranstaltet wird, auf einem Zebra gezeigt. Rothschild lässt sich in seinem Umgang mit den Zebras in kein spezifisch traditionelles Muster packen, dennoch besaßen die Zebras für ihn eine Bedeutung im Raum. Für ihn waren sie sein Mittel den öffentlichen Raum zu durchschreiten und auf sich aufmerksam zu machen.

In diesem Essay konnten zwei unterschiedliche Arten von Raum aufgezeigt werden. Zum einen wurde die einfachste Bedeutung von *Raum*, nämlich die geographische, genutzt, um die natürliche Verbreitung der Familie der *Equidae* aufzuzeigen. In einem weiteren Schritt wurde die durch Menschen vorangetriebene Verbreitung der Tiere verdeutlicht und anhand von einzelnen Beispielen gezeigt, dass diese, wenn auch zunächst nur geographische Verbreitung, mit dem Übersetzen von Raumvorstellungen zwischen den Kulturen, einherging. Dominierend dabei ist hier vor allem der europäische Zugang zur Raumbedeutung des Tieres, der sich auf afrikanische Lebensräume auswirkte bzw. seine Vorstellungen auf die afrikanische Tierwelt übertrug. Doch auch die afrikanischen Nutzung des Pferdes ist durch Anpassung auf der Ebene der Ideen gekennzeichnet.

Schädelkulte in Westafrika: Stärke, Beweise, Schmuckstücke

Das Zeigen von Skeletten und Schädeln sorgt in einer breiten Öffentlichkeit noch immer für seltsame und beängstigende Gefühle. Die Nähe des Todes, die durch den skelettierten Kopf eines Menschen ausgedrückt wird, ist für ein Gros der Menschen der westlichen Welt unangenehm und kein Thema, mit dem man konfrontiert werden möchte.

Ein Beispiel mag dieses illustrieren. Als ich mit Beginn des Jahres 2014 den Auftrag erhielt, ein Buch mit Bildern und Geschichten zu erstellen, das dem Abschied einer Kirche in Wuppertal gewidmet seien sollte, startete ich einen Aufruf, mir persönliche Erzählungen, die die Menschen mit dieser Kirche verbanden, zu schicken. Eine dieser Geschichten handelte von einem Löschteich, der während des Zweiten Weltkriegs vor dem Park der Kirche angelegt worden war. Nun war es so, dass dieser Park vor der Kirche bis zur Mitte des 19. Jahrhunderts als Friedhof gedient hatte. Beim Ausbaggern der Erde kamen so auch immer Gebeine mit hervor. Als sonntags dann die Kinder für den Kindergottesdienst erschienen, sahen sie zahlreiche Schädel, die sich auf dem Erdhaufen befanden. Die natürliche Reaktion einzelner Jungen war es, diese Schädel als Fußball zu nutzen und über den Kirchhof zu kicken. Andere sammelten die Schädel und drapierten sie so auf der Mauer, dass die Schädel die Kirchgänger begrüßen mussten. Das Vorlesen dieser, wie ich finde, ganz wundervollen Geschichte, sorgte bei der Buchvorstellung bei vielen Gemeindegliedern für Unbehagen – die Gänsehaut sah man ihnen an. Totenschädel, die nicht in der Erde stecken, wo man sie nicht sehen und nicht an sie denken muss – das ist gruselig.

Was bei diesen Menschen aber Unbehagen auslöste, sorgt bei anderen für ein ganz eigenes Gefühl. So kann das Erinnern an den Tod durchaus als ein positives Statement Anerkennung finden, nämlich dann, wenn dieses als Gegenentwurf zu einer materiell orientierten Welt angesehen wird. Dabei kommt dem Schädel nicht nur die Bedeutung des *Memento mori* zu. Er ist zudem der Teil des menschlichen Körpers, der am meisten über das menschliche Individuum aussagt, und steht so etwa für eben diesen Prozess der Individualisierung. Darüber hinaus gilt der Schädel auch als Sitz einer gesonderten Spiritualität und damit zugleich ein Zeichen gegen die erwähnte moderne Welt des Materialismus.

So verwundert es nicht, dass innerhalb einer Kultur, die sich für das Individuum einsetzen und gegen den Materialismus wehren möchte, der Schädel zu einem Symbol für diese Auseinandersetzung werden konnte. Seine Verbindung zum Tod und damit zur Vergänglichkeit allen Lebens hat zudem den nützlichen Effekt der Abgrenzung vom gewohnten Leben innerhalb der westlichen Welt und unterstreicht so das eigentliche Anliegen.

Beide mit dem Schädel verbundene Bedeutungen aber sind vor allem eines: Überzeugungen der westlichen Welt, Ergebnisse unserer langen Tradition, Prägungen des christlichen wie auch des hellinistischen Abendlandes. Schaut man jedoch auf andere Teile der Welt, dann erkennt man schnell, dass diese Idee mit anderen Überzeugungen verwoben war. Zwar war nahezu überall Tod und Glauben mit dem Schädel verbunden, was jedoch nicht heißt, dass dann auch eine ähnliche Beklommenheit vorausgesetzt werden konnte, wie sie im Westen vorhanden ist. Vielmehr waren und sind in vielen Kulturen Schädel Teil des Alltags. Ein Vergleich der unterschiedlichen Arten des Umgangs mit Schädeln innerhalb europäischer Subkulturen und westafrikansicher Kulturen kann helfen, den eigenen Umgang mit diesem Symbol besser zu verstehen.

In Westafrika, das seit dem 19. Jahrhundert eingehend erforscht wurde, finden sich auf einem relativ kleinen Gebiet, zahlreiche unterschiedliche Herangehensweisen an den Schädel. Grob lassen sich diese jedoch in vier Kategorien aufteilen. Zum einen werden Schädel als Beweis oder Beleg genutzt, um die eigene Männlichkeit zu zeigen. So zeigt sich auf dieser Zeichnung die Bestattung des Königs Gbezo im heutigen Benin. Der Körper des Verstorbenen liegt auf zahlreichen Schädeln von Gegnern, die der König zu Lebzeiten getötet hat. Es handelt sich dabei ausschließlich um Schädel von Angehörigen feindlicher Stämme. Die dargestellte Symbolik ist eindeutig: Die Macht des Königs über sein Volk und die Feinde wird durch die Schädel klar vor Augen geführt.

Neben solchen Belegen für Mut und Kraft finden sich noch andere. So ist für die Elfenbeinküste etwa belegt, dass der Sohn eines

Ermorderten dessen Mörder finden und töten muss, um ihm seinen Kopf abzuschlagen. Dieser muss als Beleg für die so gerächte Tat durch das Dorf des ermordeten Vaters getragen werden. Auch ist es dort üblich gewesen, dass ein neu gewählter König die Würde des Amtes erst einmal dadurch zeigte, dass er gefangenen Feinden die Köpfe abschlug. Auch diese Schädel mussten wieder herumgereicht werden, denn nur wer an diesem Ritual teilnahm, durfte auch im Rat das Wort erheben. Da die Schädel herumgereicht bzw. transportiert wurden, ist es nicht verwunderlich, dass sich die Krieger des Volkes der Bali in Kamerun etwa auf den Tod in der Schlacht dadurch vorbereiteten, indem sie ihre Frisur so gestalteten und schmückten, dass ihr abgetrennter Schädel ohne größere Probleme transportiert werden konnte. Eine Verletzung von Ohr oder Lippe durch den Sieger hätte eine große Schmach für den Verlierer bedeutet, so dass sie dieser vorbeugen wollten.

Solche Trophäen des Krieges und des eigenen Sieges wurden nicht nur für Rituale benötigt. Vielmehr waren sie auch Teile des Alltags und galten als Schmuckstücke und Zierrat. Das galt vor allem für Objekte, die mit der Kriegsführung zu tun hatten. So finden sich in der gesamten Region des subsaharischen Westafrika Völker, die den Brauch hatten, Kriegstrommeln mit menschlicher Haut zu bedecken und mit Schädeln zu schmücken. Einige Völker, wie etwa die Kanga in Togo, schafften es dabei, die Schädel so an der Trommel zu drapieren, dass sie im Takt des Schlages mitwippten und den Klang der Trommel verstärkten. Die nicht benötigten Unterkiefer der Schädel wurden zur Verzierung von Flöten und Trompeten genutzt. Wenn solche Kriegsinstrumente erbeutet wurden, waren sie von großem Wert. So bewahrte der Konig der Nsabä in seiner Schatzkammer solche Instrumente auf und zeigte sie nicht ohne Stolz. Darüber hinaus sind die Instrumente als Kriegsbeute bzw. als Handelsware durchaus interessant. Das Volk der Ho in Togo etwa war im Besitz solcher Trommeln und Trompeten, die aber nicht selber von ihnen erstellt, sondern durch die Ashanti an sie weitergegeben worden waren.

Mehr im Alltag der Menschen als Kriegsinstrumente sind die Gebäude in den jeweiligen Dörfern und Städten verankert. Als der niederländische Kaufmann Euschart 1862 in Benin in die Stadt Abomey eingeladen wurde, war der Marktplatz der Stadt mit frisch abgeschlagenen, teilweise noch bluttriefenden Schädeln von Männern des Volkes der Ejba geschmückt. Die den Palast umgebende Lehmmauer zeigte zudem unzählige Eisenhaken, an denen Schädel und Köpfe angehängt waren, um die Wand zu schmücken.

Der berühmte Abenteurer Richard F. Burton berichtet von der Stadt Bonny in Nigeria. In dieser Stadt existierte 1863 ein Fetischhaus, das mit Schädeln innen und außen geschmückt war. Die Schädel waren bemalt und mit allerhand anderen Gegenständen geschmückt. Einer der Schädel trug einen Bart. Vor dem Altar des

Hauses fand Burton Knochenfragmente zerstückelter Schädel, die auf dem Boden verteilt waren. Das Fetischhaus war zudem ein Beweis dafür, dass nicht nur dem menschlichen Schädel eine schmückende Ästhetik zukam sondern auch den männlichen Genitalien, so schrieb Burton: „An einem besonderen Gerüst hatte man besondere Körpertheile genagelt, deren nähere Bezeichnung die Scham verbietet".

Auch für andere Teile Westafrikas ist der Schädel als Gebäudeschmuck für öffentliche Gebäude belegt. So fanden sich zahlreiche Schädel am Versammlungshaus der Banasso in Kamerun. An anderer Stelle wurde auf den tatsächlichen Kopf als Schmuckstück verzichtet. Stattdessen werden die Köpfe von Ahnen und verstorbener Könige in Bronze nachgebildet und als Schmuck für das Tempelgebäude genutzt, wie dies in Nigeria der Fall war.

War dieser Schmuck klar als Zeichen staatlicher und königlicher Macht bzw. als geistlich-spirituelle Kraft deklariert, so war in den weniger staatlich organisierten Völkern der Schmuck wesentlich individueller. An der Elfenbeinküste wurden die Schädel der gefallenen Gegner bei den Manon und den Gerse einfach an die Hütten der Sieger bzw. deren Nachfahren gehängt.

Dabei werden Schädel in Afrika nicht nur zu bloßen Zier an die Häuser gehangen. Das überzählige Auftauchen in Tempeln und Versammlungshäusern lässt bereits auf einen religiös-kultischen Einsatz schließen. Dass in diesem Zusammenhang Priestern nachgesagt wurde, geköpfte Menschen wieder zusammenzufügen und wieder zum Leben zu erwecken, liegt auf der Hand. Dieses Vorgehen bedurfte der Übung, weshalb der Forschungsreisende Conrad 1902 davon berichten konnte, dass die Ngumba in Kamerun die Gräber verstorbener Familienangehöriger gegen Priester und Zauberer schützten, damit diese die Schädel nicht für magische Zwecke benutzten.

Wesentlich unkonventioneller gestaltete sich da schon so manches andere Ritual. Relativ unblutig war die pantomimische Darstellung der Enthauptung des Gegners, die von den Bambarra in Mali 1843 berichtet wird. Zur besseren Darstellung diente in diesem Tanz der Schädel des Gegners als Requisit. Die Nutzung von gegnerischen Schädeln in Tanz und Schauspiel spielt auch bei den Eloi in der Grenzregion zwischen Nigeria und Kamerun eine wichtige Rolle. Zwei Möglichkeiten der Gestaltung dieser Schädel existierten. Zum einen wurden die Köpfe mumifiziert und mit Tierhaut überzogen. Zum anderen – wesentlich haltbarer – wurden Schädel mit Lehm beschmiert, neu gestaltet und mit Farben bemalt, um ihn zu individualisieren. Diese Schädel wurden dann auf Korbgeflecht verankert und bei Festen auf dem eigenen Kopf getragen, während der Träger selber unter einem langen Gewand verschwand. Da es sich bei den Schädeln um Erbstücke handelte, hatten sie zweierlei Bedeutung. Erstens repräsentierten die Schädel die Ahnen, die durch das Tragen der Schädel gewürdigt wurden, zweitens ging die Kraft des ursprünglichen Trägers des Schädels, des getöteten Gegners, auf den Tänzer über. Neben echten Schädeln wurden für diesen Brauch auch künstliche Schädel verwendet, die Tiere oder andere Menschen darstellten. Die Tänze mit diesem Kopfschmuck gehören so zu einem ganzen Ritualensemble, von dem der Tanz mit dem Totenschädel nur einen Teil darstellte.

Dem Schädel wird in den unterschiedlichsten Kulturen große Macht zugesprochen. Aus interkultureller Sicht ist dabei besonders interessant, dass Unterschiede zwischen Europäern und Afrikanern nicht gemacht wurden. Schon zu Beginn des 19. Jahrhunderts zeigt sich das bei den Auseinandersetzungen der Ashanti mit britischen Soldaten. Diese verloren 1823 gegen die Ashanti. Auch der Gouverneur blieb dabei in der Schlacht. Als sich drei Jahre später das Kriegsglück auf die Seite der Briten schlug, gelangten die Briten in den Besitz des Schädels des Gouverneurs. Der Häuptling der Ashanti hatte diesen in seinen Besitz genommen und mit ihm ein Ritual durchgeführt, das dafür sorgen sollte, dass der Geist des Verstorbenen ihm Glück beim Kampf gegen die Briten bringen sollte. Dazu war der Schädel mit Rum getränkt und mit Materialien aus drei verschiedenen Kulturräumen versehen worden. Neben einem Stück Leopardenfell war der Schädel mit europäischer Seide und einer Schriftrolle mit arabischen Schriftzeichen geschmückt.

Eine ähnliche Art der Nutzung von Schädeln ist auch noch gute neunzig Jahre später in Kamerun zu beobachten. Dort findet Ernst

Vollbehr 1909 im Besitz eines Häuptlings der Bangwa den Schädel eines europäischen Kaufmanns. Dieser Gustav Conrun hatte sich selbst erschossen. Der Bangwa-Chef hatte die Gunst der Stunde genutzt und den Schädel abgetrennt, um Kontrolle über dessen Geist zu bekommen, um so die Verhandlungen und Geschäfte mit den Weißen positiv zu beeinflussen.

Die Übernahme des Geistes aber war für die meisten Rituale vor allem durch die Aufnahme von Flüssigkeiten mit Hilfe von Schädeln möglich. Das Volk der Bamune baut aus den Unterkiefern seiner Feinde Kalabassen, die mit Palmwein gefüllt wurden, um den Erfolg in einer Schlacht zu feiern. Heinrich Klose kann so 1894 davon berichten, dass die Alposso in Togo Schädel des besiegten Volkes der Gbele zu Trinkschalen verarbeiteten, die sie dann bei Ritualen nutzten. Er berichtet von einem ähnlichem Ritual bei den Kanga. Dort werden 36 Tage nach der Regenzeit Menschen geopfert. Die Schädel dieser Menschen wurden zu Trinkschalen verarbeitet, da der angebetete Gott nur solche Gefäße akzeptierte. Die Opferung von Menschen und die Verwendung ihrer Schädel war zur Beschwichtigung von Göttern oder gottgleicher Ahnen unheimlich wichtig. Der bereits erwähnte König Gbezo, der auf Schädeln bestattet wurde, war auch nach seinem Tod für seinen Nachfolger eine mächtige Gestalt. Ein 1862 stattfindendes Erdbeben in Benin bestätigte den aktuellen König darin, Gbezo zu beruhigen. So ließ er weitere gefangene Klagga durch Köpfung hinrichten. Ihre letzte

Mahlzeit war dabei Rum, dem man gewisse magische Kräfte zusprach.

Waren bisher nur die Schädel der Gegner entscheidend, so war zumindest auf der zu Sierra Leone gehörenden Insel Skevbo bei den Imperii der eigene Ahnenschädel von besonderer Bedeutung. Beim Geheimbund der Poro wurde zur Verehrung der verstorbenen Tussos, den Anführern des Bundes, deren Schädel in reich geschmückten Körben auf dem Kopf getragen.

Auch die Europäer interessierten sich im Zuge der Rassenlehre für die Schädel zahlreicher Afrikaner, die nach ihrem Tod nach Europa gebracht, vermessen und archiviert wurden. Diese Schädel liegen zum Teil noch heute in Natur- und Völkerkundemuseen, während die Nachfahren der Verstorbenen die Schädel zurück verlangen. Aus unterschiedlichen Gründen gestalten sich solche Versuche, den europäischen Kolonialismus auszugleichen, oftmals schwierig.

Der bunte Kongo:
Gestern, heute und morgen eines afrikanischen Landes

1. Einleitung

Kongo, Zaire, der weiße Fleck, Herz der Finsternis, das Land, das die Welt vergessen hat – das Land in der Mitte Afrikas hat viele Namen. Und das, was man als Kongo durch die Geschichte bezeichnet hat, hatte viele Formen. Bestimmt war der Ländername aber immer durch den fünftgrößten Fluss der Welt, ein Fluss, der an manchen Stellen mit seinen 15 Kilometern so breit ist, wie andere Gewässer lang.

Mit dem Wort *Kongo* ist aber eben auch so viel mehr verbunden – gerade in der europäischen Kultur. Durch unzählige Berichte aus dem späten 19. Jahrhundert weckt das Wort zahlreiche Assoziationen von Gefahr, Dschungel, fremden Völkern, gefährlichen Tieren, mächtigen Großwildjägern, aber auch von tödlichen Krankheiten, unsäglichen Gräueln und abgeschlagenen Händen.

Bis heute wird das Leben im Kongo von einer solchen kaum greifbaren Dissonanz geprägt. Auf der einen Seite erschütternde Armut, katastrophale Infrastruktur, korrupte Politiker, auf der anderen Seite großartige Musik, unerschütterte Hoffnung und anpackende Unternehmer.

All das bestimmt Gegenwart und Zukunft des Kongo, eines Landes, das mit seinen zwei Millionen Quadratkilometern eine

Fläche einnimmt, die von der portugiesischen Atlantikküste bis zur polnischen Westgrenze reicht. Gleichzeitig wohnen in diesem Land nur etwas mehr als 80 Millionen Menschen, etwa so viel wie in der Bundesrepublik Deutschland.

Das Land existiert erst seit den 1880er Jahren. Es ist ein künstlich geschaffenes Land, dessen Grenzen in Berlin auf der so genannten Kongo-Konferenz gefestigt wurden. In diesem Land wohnen zahlreiche Völker und es werden viele Sprachen gesprochen, viele Kulturen prallen aufeinander. Seine Geschichte reicht weit zurück, seine Gegenwart wirkt grausig, doch seine Zukunft ist vielversprechend.

Hier soll mit dem Gestern begonnen werden, den Königreichen an der Kongomündung, den Völkern im Dschungel des Kongobeckens, mit Leopold II. und den Belgiern, Lumumba und Mobutu. Danach geht es um den Kongo heute. Den Abschluss bildet eine Version für den Kongo der Zukunft.

2. Gestern

Die Geschichte des Kongo kann nicht ohne eine Geschichte des Flusses geschrieben werden, der dem Land seinen Namen gab, besser *seine* Namen gab. Als Mobutu auf die Idee verfiel, den Kongo zu afrikanisieren, änderte er auch den Namen des Landes und des Flusses in Zaire – in der irrigen Annahme dies sei der älteste, ja der ursprünglich afrikanische Name. Was ihm dabei entging, war, dass es sich bei diesem Begriff, um eine portugiesische Version, eventuell sogar eine Verballhornung eines tatsächlichen Wortes aus der Sprache der Kikongo handelte, ein Wort, das nach linguistischer Rekonstruktion *nzadi* oder *nzere* heißt und eine Bedeutung trägt, die den Kongo sehr gut beschreibt: Der Fluss, der alle Flüsse schluckt. Ein Blick auf eine Karte zeigt dies recht deutlich. Bevor sich der Kongo mit ungeheurer Kraft in den Atlantik drückt, wird er mit Wasser aus zwanzig Flüssen direkt gespeist. Diese Flüsse besitzen alle noch Nebenflüsse, von denen der bekannteste Wohl der Ebola ist, eben jener Fluss, an dem in den 1970er Jahren das erste Mal das tödliche Virus entdeckt wurde, das heute bekannter ist als der Fluss selbst.

Entlang dieses Flusssystems hatten sich im Laufe der Zeit zahlreiche Völker niedergelassen und eigene Reiche gebildet. In Katanga, dort, wo der Kongo als Lualaba entspringt, fanden sich die Luba. Ihre Nachbarn, die am Kassai, einem Nebenfluss des Kongo, ihr Territorium aufgebaut hatten, waren die Lunda. Nordwestlich davon wohnte das Volk der Kuba, die nichts mit der karibischen Insel zu tun haben. Im Mündungsgebiet des Kongo schließlich befanden sich die Yaka, die Kakongo, die Teke, die Ngoyo und ein Volk, das den Namen des Flusses angenommen hatte.

Auch wenn dieses letzte Volk schließlich das erste war, das im Zeitalter der europäischen Expansion auf die Portugiesen traf, war es doch nicht das Volk des Kongo, das als erstes in den schriftlichen

Quellen auftaucht, die Historiker brauchen, um ihre Arbeit zu machen. Das erste Volk des Kongo, das es in die Quellen schaffte, waren die Pygmäen. Das merkt man nicht nur an dem Begriff selber, der ein aus dem griechischen abgeleitetes Fremdwort ist, was so viel wie *Fäustling* bedeutet und sich eben auf die Körpergröße bezieht.

Der Begriff *Volk* ist eigentlich falsch. Es ist lediglich eine didaktische Vereinfachung, denn unter den Begriff *Pygmäen* fallen viele Völker mit sehr unterschiedlichen Kulturen und Vorstellungen. Ihnen gemein ist einzig ihre geringe Körpergröße. Die Heimat der Pygmäen ist in der Antike nicht klar definiert, sie wohnen entweder in Afrika oder in Asien. Die Vorstellung eines Volkes von Kleinwüchsigen geht aber wohl auf die Ägypter zurück. Aus dem Alten Reich zur Zeit des Pharaos Pepi II., der als Kindkönig im Jahre 2229 v. Chr auf den Thron gelangt war, ist ein Brief des jungen Königs an den ägyptischen Nubien-Reisenden Horchuf überliefert:

> „Komm unverzüglich zurück zur Residenz! Eile und bringe mir diesen Zwerg, den du lebend, gesund und heil aus dem Land der Geister geholt hast, für die Tänze Gottes und für die Belustigung und zur Unterhaltung des Königs von Ober- und Unterägypten, der ewig lebt. Wenn er mit dir zu Schiff herkommen wird, so stelle gute Leute an, die bei ihm sein sollen zu beiden Seiten des Schiffs, um zu verhüten, daß er ins Wasser fällt! Wenn er nachts schläft, nimm dir verläßliche Leute, die hinter ihm in seinem Zelt (auf dem Deck) schlafen. Schaue zehnmal des Nachts nach! Diesen Zwerg wünscht Meine Majestät lieber zu sehen als die Gaben des Sinai und die von Punt.“

Das Land der Geister ist das Land jenseits des Bekannten. Von dort wo der Nil als Weißer Nil entspringt, ist es nicht weit bis zu zwei nördlichen Nebenflüssen des Kongo, dem Ubangi und dem Lindi. Dorthin war Horchuf aufgebrochen. Und so kam wohl die Legende von den *Fäustlingen* in die Antike Welt, die von Homer und Strabon aufgenommen und weitererzählt wurde. Seit dem 19. Jahrhundert wurde der griechische Begriff, der auf eine altägyptische Quelle zurückgeht, von Europäern in latinisierter Form für die kleinwüchsige Bevölkerung Zentralafrikas verwendet. So schließt sich der Kreis.

Mag auch im Alten Reich der erste Kongolese als Pygmäe auftauchen, unabhängig von schriftlichen Quellen hat der Kongo seine eigene Geschichte. Keine 1000 Jahre nachdem Pharao Pepi sich über den Zwerg aus dem Land der Geister freute, kamen in der Region die aus dem senegalesischen Hochland stammenden Bantu-Völker an. Sie brachten ihre Sprache, aber vor allem auch die Landwirtschaft mit. Noch einmal 1000 Jahre später brachen ihre Nachfahren erneut auf, um weiter nach Süden zu ziehen. Sie verbreiteten dabei die Eisengewinnung, die nördlich des Kongo entwickelt worden war, und auch ihre domestizierten Tiere.

Während in Europa das römische Reich unterging und die germanischen Königreiche entstanden, brachten arabische Händler aus Indien eine Frucht nach Afrika, die die Landwirtschaft Zentral-

und Ostafrikas bis heute prägt: Die Kochbanane. Sie war für die Landwirtschaft des Kongo revolutionär. Die bis dahin angebaute Yams-Wurzel, wohl ein Erbe der Bantu, rangierte durch die Kochbanane nur noch auf Platz 2 der Nahrungsmittel.

Zwischen der Zeit des unbekannten Zwergs, der nicht vom Schiff fallen sollte, und der Ankunft der Portugiesen an der Kongomündung war im Gebiet des heutigen Kongo viel passiert. Und doch gilt der Kongo, ebenso wie fast ganz Afrika, als geschichtslos. Seinen Eintritt in eine erzählbare Geschichte erhält der Kongo erst mit dem Auftreten der Europäer. Eine dieser erzählbaren Geschichten sind die Luisaden aus der Feder von Luís de Camões. Bei diesem Buch, das im späten 16. Jahrhundert publiziert wurde, handelt es sich um das portugiesische Nationalepos, dessen Hauptziel es ist, den glorreichen Weg der Portugiesen nach Asien zu literarisieren. Im fünften Gesang heißt es:

> „Dort liegt der Kongo, dessen großes Land
> Wir längst bekehrten zu dem Glauben Christi,
> Wo der Zaire fließt, so klar und lang,
> Ein Fluss, den bei den Alten man vermisste."

De Camões spielt mit diesen Worten auf das Königreich Kongo an, das erstmals durch den portugiesischen Entdecker Diogo Cão in den Schriften bezeugt wird. 1482 kam Cão an die Mündung des Kongo und hörte von dem so genannten Manikongo, einem bedeutenden Herrscher dieses Gebiets. Cão schickte einige seiner Männer aus, um den Herrscher aufzusuchen, und nahm ebenfalls

Gesandte mit nach Portugal. Ein Jahr später etwa wurde der Tausch wieder rückgängig gemacht. Damit war ein stetiger Handel mit dem Königreich Kongo eingeleitet, der schon kurze Zeit später dazu führte das der Manikongo, Nzinga Nkuwu, 1490 das Christentum als seine Religion annahm. Sein Sohn wechselte seinen Namen von Nzinga Mpangu in Alphonso I. und nannte seinen eigenen Sohn Henrique. Aus diesem sollte der erste afrikanische Bischof der katholischen Kirche werden. Don Alfonso teilte seinem Bruderkönig in Portugal sogar mit, wie viele Kongolesen den rechten, christlichen Glauben angenommen hätten. Die Dokumente belegen hier klar ein Verhältnis auf Augenhöhe.

Was sich auf den ersten Blick nett anhört, endete grausam. Die Entdeckung Amerikas 1492 änderte für die afrikanische Westküste und insbesondere die Kongo-Mündung alles. Niemand anders als der für die amerikanischen Indios kämpfende Bischof Bartholomäus de las Casa war es, der forderte, statt der armen, geschundenen Indios sei es doch wesentlich wirtschaftlicher, die stämmigen, kräftigen Afrikaner in die Neue Welt zu verschicken. Zu seiner Ehrenrettung sei gesagt, dass er diesen Vorschlag Zeit seines Lebens bereuen sollte. Aber wer konnte schon ahnen, dass es gerade dieser Vorschlag war, der auf offene Ohren stieß.

Die Frage war nur, wie man die Afrikaner aus dem Gebiet des Kongo nach Amerika bekam. Die Antwort darauf bestand im Nutzen einer jahrhundertealten Tradition die es im Kongo gab: Die Haltung von Sklaven. Dabei handelte es sich zum Teil auch um diejenigen Sklaven, die man aus der Antike kannte. Männer und Frauen, die im Krieg besiegt und erbeutet worden waren. Diese hatten gemeinhin, so weit dies einem unfreien Menschen möglich ist, ein gutes Leben. Sie konnten Geld verdienen, sich frei kaufen und sogar selber Sklaven halten. Aber auch das, was man sich heute unter Sklavenhaltung vorstellt, war vor allem an der Küste, im Königreich Kongo, verbreitet.

Dieses System konnte man für den Handel nutzen. Der christliche König Alphonso wurde nun zu einem eigenständigen Handelspartner für den Verkauf von Menschen. Zunächst wurden ausschließlich Sklaven verkauft, die bereits gefangen waren, doch der Hunger in Amerika nach neuen Sklaven war groß und so ging Alphonso dazu über, Kriege zu führen, die den Zweck hatten, Menschen zu versklaven. Für die Portugiesen bedeutete dies vor allem eines: Alphonso hatte ein Monopol und konnte den Preis bestimmen. Daher machten sie auch Geschäfte mit anderen Herrschern entlang der afrikanischen Westküste. Von den weiter oben genannten Völkern, die sich im Kongobecken niedergelassen hatten, beteiligten sich die Yaka, die Kakongo, die Teke, die Ngoyo sowie die Lunda und die noch nicht genannten Mpumbu, die südlich des Kongobogens lebten, an diesem Handel. Die Vorfahren zahlreicher vor allem brasilianischer Sklaven waren, so kann man also ohne Zweifel sagen, Kongolesen und der Sklavenhandel war für die Region bis in das 19.

Jahrhundert hinein bestimmend. Dörfer und Reiche wurden durch diesen Handel, an dem sich zahlreiche afrikanische Völker beteiligten, menschenleer. Das Königreich Kongo selber zerfiel im 18. Jahrhundert auch.

Was blieb war der christliche Glaube. An keiner anderen Figur wird das so deutlich wie an Kimpa Vita, genannt Dona Beatriz. Dabei war Kimpa Vita nicht in einem europäischen Christentum verwurzelt, sondern propagierte eine interessante Mischung von europäischem und afrikanischem Christentum, das sich jedoch klar gegen die europäischen Eindringlinge wandte. Sie war das Oberhaupt der so genannten Antonianer-Bewegung, die sich gegen Ende des 17. Jahrhunderts aufmachte, die Reste dessen, was einmal das Königreich Kongo war, wiederzubeleben. Daher war es auch kein Wunder, dass sie sich mit ihrer Bewegung und der mittlerweile verlassenen Hauptstadt Mbanza niederließ. Sie selber erkor die alte Kathedrale, die im Auftrag von Henrique erbaut worden war, zu ihrem Amtssitz.

Ausgangspunkt ihrer charismatischen Bewegung war der Glaube daran, dass sie als Opfer von Gewalt durch einen Bürgerkrieg, der um das Jahr 1700 in dem ehemaligen Vorzeigekönigreich Kongo tobte, gestorben zu sein und durch die Kraft des heiligen Antonius, einem der Kirchenväter, auferstanden und von ihm besessen worden zu sein. Ihre eigenen Erfahrungen und Visionen machten sie zu einer Mystikerin, wie es sie vor ihr auf dem afrikanischen Kontinent keine gab. Für das Königreich Kongo war sie in etwa so bedeutend, wie Hildegard von Bingen für Deutschland. Anders als Hildegard aber war sie keine Nonne und lebte auch nicht nach den Geboten irgendeines Ordens. Als sie 1706 einem Kind das Leben schenkte, wurde dieser Moment der Schwäche genutzt, um sie festzusetzen und als Ketzerin verbrennen zu lassen.

Das Beschriebene spielte sich vor allem an der Mündung des Kongo ab. Das Hinterland war für die Europäer weitgehend unbekannt, was sich an den Karten des 19. Jahrhunderts zeigt, in denen das Gebiet des heutigen Kongo als unerforschter weißer Fleck dargestellt wird. Dieser Fleck faszinierte die Europäer. Der große Schriftsteller Joseph Conrad beschloss als Kind dorthin aufzubrechen, David Livingston machte sich auf den Weg dorthin und galt als verschollen, bis Henry Morgan Stanley ihn wiederfand.

Der Name Stanley ist unmittelbar mit dem Gebiet des heutigen Kongo verbunden. Er war es, der den seltsamen Verlauf des Kongo nicht nur für die Europäer herausfand, weil sich niemand vorstellen konnte, dass der Fluss von seiner Quelle aus erst nach Norden verläuft, dort nach Südwesten abbiegt, um dann erneut recht gerade nach Westen zu verlaufen und so den Äquator zweimal überschreitet – was kein anderer Fluss der Welt tut.

Stanley entdeckte für Europa den Kongo und ließ den weißen Fleck verschwinden. Er entwickelte die Idee eines Freistaats und machte dafür soviel Werbung, dass der belgische König Leopold II.

sich dafür begeistern konnte. Während in anderen Teilen Afrikas der europäische Nationalismus in Form der Koloniegründung seinen Weg bahnte, sollte der Kongo zu einem Ort werden, der für alle europäischen Nationen offen stand – um dort Handel zu treiben. Damit sich alle Europäer einigen konnten, ohne dass weiterhin europäisches Blut vergossen wurde, lud der deutsche Kanzler Otto von Bismarck 1884 zur Kongo-Konferenz nach Berlin ein. Sie tagte mehrere Monate und im Frühjahr 1885 war Afrika unter den europäischen Nationen aufgeteilt. Afrikanische Vertreter nahmen an dieser Konferenz nicht teil.

Das wichtigste Ergebnis dieser Konferenz war die Festsetzung des Gebietes des Kongo. Das Land, dessen Umfang weiter oben beschrieben ist, wurde damals erschaffen und existiert mit kleineren Veränderungen im Kern noch heute. Keiner Nation unterstand dieses Gebiet, es war zum Privateigentum Leopold II. geworden, der sich zum Kämpfer gegen den Sklavenhandel erklärte, um dieses Privileg zu bekommen. Gemeint ist damit der Sklavenhandel, der von Sansibar aus nach Arabien ging, und der bis zum Ende des 19. Jahrhunderts, lange nach dem Ende des amerikanischen Bürgerkriegs, noch weiterging.

Doch Leopold hatte gelogen. Ihm ging es vor allem darum, sich zu bereichern. Er und seine Administration setzen darauf, das Land auszupressen und jede Art von Gewinn dort herauszuholen, der möglich war. Nachdem es dabei zunächst um Elfenbein ging, ein

Produkt, das mit dazu beitrug, dass bereits Ende des 19. Jahrhunderts die heimischen afrikanischen Tierarten um schätzungsweise 95% reduziert worden waren, brachte die Erfindung des Luftreifens neue Möglichkeiten. Die Männer Leopolds überfielen zahlreiche Dörfer afrikanischer Völker und zwangen die Menschen bestimmte Mengen an Kautschuk zu sammeln. Die Zeit, die sie damit verbrachten, fehlte für die Subsistenzwirtschaft dieser Menschen, so dass die Felder nicht beackert wurden. Dieser Umstand führte zu Hunger und Aufständen, die von den Männern Leopolds durch den Einsatz von Gewehren beantwortet wurden. Eine haargenaue Bürokratie wollte es, dass über jeden Schuss Buch geführt wurde. Um zu beweisen, dass keine Munition verschwendet wurde, wurde man angewiesen, den erschossenen Aufständischen Gliedmaßen abzuschneiden. In einigen Fällen führte dies dazu, dass auch noch Lebenden Hände und Füße amputiert wurden. Bilder dieser Überlebenden gingen um die Welt und mobilisierten eine Weltöffentlichkeit gegen das Regime Leopolds, der schließlich dem Druck nicht mehr Stand hielt und den Kongo 1908 an das belgische Volk übergab. Das Ergebnis der Politik Leopolds war das Sinken der Bevölkerung des Kongos um die Hälfte. Er selber hatte viele Gelder eingenommen, und diese wieder in Infrastrukturprojekte reinvestiert. Dennoch war das Projekt auch finanziell gescheitert. Beim Verkauf war der Freistaat mit 110 Mio. belgischen Franc verschuldet.

Mit der Zeit der Belgier wurde das Leben im Kongo besser. Die fortschreitende wissenschaftliche und technische Entwicklung sorgten dafür, dass die Rohstoffe, die im Boden des Kongo lagen immer bedeutender wurden. Der Kongo wurde zu einer erfolgreichen Kolonie ausgebaut, zahlreiche belgische Firmen ließen Kupfer, Blei, Zink und auch Diamanten abbauen. Während des zweiten Weltkriegs kam noch Uran hinzu. Die Bomben, die 1945 Hiroshima und Nagasaki in Schutt und Asche legten, waren mit dem Uran des Kongo gefüllt.

In dieser Zeit wuchs auch das Nationalbewusstsein der Kongolesen. Die Bildung der einheimischen Bevölkerung wuchs. Missionare aller Konfessionen bauten Schulen und unterrichteten junge Kongolesen. Mit der Bildung kam das Bewusstsein, dass die Ausbeutung kongolesischer Rohstoffe und Arbeitskraft zugunsten belgischer Großkonzerne nicht richtig sein konnte. Manche suchten ihren Weg in der Religion. Mit Simon Kimbunga tauchte ein kongolesisch-christlicher Prophet aus, der eine eigene religiöse Bewegung in Gang setze. Noch heute gehören 10 % der Kongolesen dem Kimbungaisten an.

Andere wiederum probierten ihr Glück in der Politik und als mit den 1950er und 1960er Jahren die Zeit der Dekolonisierung Afrikas begann, war es erneut der Kongo, in dem mit Patrice Lumumba die Hoffnung wuchs. Lumumba, mit dem man in Europa heute vor allem eine alkoholisches Getränk verbindet, war einer der drei Hauptakteure bei der Gründung der Demokratischen Republik

Kongo. Die anderen waren Moïse Tschombé und Joseph Kasavubu. Alle drei kämpften anfangs gemeinsam für einen freien Kongo, doch mehr und mehr spielten sie sich gegeneinander aus.

Erster Verlierer dieses blutigen Streits war Lumumba. Bei der Übergabe des Kongo-Staats an seine Bevölkerung war der belgische König 1960 angereist und hielt eine Rede, in der er Leopold II. in den höchsten Tönen lobte. Nachdem der König geendet hatte, sollte nur noch der Präsident des Landes, Kasavubu, reden. Er tat dies, und bedankte sich nicht beim König. Dann erhob sich der gewählte Ministerpräsident Lumumba und verärgerte mit seiner spontan gehaltenen Rede die belgischen Gäste – die Kongolesen und ganz Afrika aber war begeistert:

> „Für diese Unabhängigkeit des Kongo, wie sie heute zusammen mit Belgien gefeiert wird, einem befreundeten Land, mit dem wir von gleich zu gleich handeln, wird kein Kongolese, der diesen Namen verdient, vergessen, dass wir sie im Kampf gewannen. Ein Kampf von Tag zu Tag, ein glühender und idealistischer Kampf, in dem wir von keiner Entbehrung, keinem Leiden verschont blieben und für den wir unsere Kraft und unser Blut gaben. Wir sind stolz auf diesen Kampf, die Tränen, das Feuer und das Blut, bis in die Tiefen unseres Seins, denn es war ein nobler und gerechter Kampf, und unentbehrlich um der erniedrigenden Sklaverei, die uns mit Gewalt aufgedrückt wurde, ein Ende zu bereiten.
>
> Dies war unser Schicksal während achtzig Jahren des kolonialen Regimes; unsere Wunden sind zu frisch und noch immer zu schmerzhaft um sie aus unserer Erinnerung zu vertreiben. Wir haben zermürbende Arbeit

> kennengelernt, mussten sie für einen Lohn erbringen, der es uns nicht ermöglichte, den Hunger zu vertreiben, uns angemessen zu kleiden oder in anständigen Verhältnissen zu wohnen oder unsere Kinder als geliebte Wesen groß zu ziehen.
> Wir haben Spott, Beleidigungen und Schläge kennen gelernt, die wir morgens, mittags und abends ertragen mussten, weil wir Schwarze sind. Wer wird vergessen, dass zu einem Schwarzen *Du* gesagt wurde, bestimmt nicht als ein Freund, sondern weil das ehrenwertere *Sie* allein für die Weißen reserviert war?
> Wir jedoch, die wir durch die Stimmen der von Euch gewählten Vertreterinnen und Vertreter das Recht erhalten haben, unser geschätztes Land zu leiten, wir, die wir in unserem Körper und Herzen durch koloniale Unterdrückung gelitten haben, wir sagen ganz laut, all dies hat nun ein Ende.
> Die Republik von Kongo ist ausgerufen worden, und unser Land ist nun in der Hand der eigenen Kinder. Zusammen, meine Brüder, meine Schwestern, werden wir einen neuen Kampf beginnen, ein erhabener Kampf, der unser Land zu Frieden, Wohlstand und Größe führen wird. Es lebe die Unabhängigkeit und die afrikanische Einheit. Es lebe der unabhängige Kongo!“

Von Lumumbas Hoffnungen blieb nicht viel übrig. In den Kongo-Wirren, die nach der Unabhängigkeit folgten, wurde Lumumba durch Kasavubu aus dem Amt geputscht und verhaftet. Lumumba gelang die Flucht, doch er wurde erneut festgesetzt. Als Symbolfigur einer afrikanischen Unabhängigkeit war er seinen beiden Kontrahenten ein Dorn im Auge. Tschombé, der zum Premierminister der Region Katanga gewählt worden war, spaltete die Region ab und erklärte sie für unabhängig. Lumumba wurde dorthin ausgeliefert und dort auf grausame Weise ermordet, seine Leiche zerstückelt und verbrannt.

Aber auch Kasavubu und Tschombé hatten nicht mehr viel Zeit. Ein früherer Weggefährte Lumumbas, der von ihm abgefallen war und sich mit Kasavubu zusammengetan hatte, spielte beide gegeneinander aus und machte sich selber zum Herrscher des Landes. 1966 kam Joseph Mobutu an die Macht und sollte sie für dreißig Jahre behalten.

Mobutu verstand es zunächst, dass Land zu beruhigen und die wirtschaftliche Kraft für die Stabilität des Kongo zu nutzen. Dabei wirtschaftete er jedoch auch in die eigene Tasche und die Korruption nahm schnell überhand. Ein wesentliches Ziel seiner Politik war die bereits erwähnte Afrikanisierung. Dazu gehört auch das Verbot von Krawatten, Perücken oder anderem künstlichen Haarschmuck. Möglich war dieses auch, weil Mobutu in der Lage war, die beiden Großmächte USA und UdSSR für seine Zwecke zu nutzen. Mit dem Ende des Kalten Krieges 1989 aber war diese Säule seiner Macht weggebrochen. Es war nur eine Frage der Zeit bis damit auch Mobutus Herrschaft endete. 1997 war dies so weit. Der Diktator floh ins Exil und starb wenige Monate später an Prostatakrebs.

3. Heute

Der Blick auf den heutigen Kongo beginnt nicht etwa mit dem Ende Mobutus. Eigentlich beginnt der Blick in den 1980er Jahren.

Mobutu hatte in diesem Jahrzehnt erkannt, dass Regieren ihm keine Freude mehr bereitete. So empfahl er seinem Volk in Zukunft, für sich selbst zu sorgen, der Staat würde sich aus zahlreichen Angelegenheiten zurückziehen. Er blieb gleichwohl Diktator des Landes und nutze seinen Zugang zu den Fördertöpfen der westlichen und sowjetischen Welt, um sich und seine Familie weiterhin zu versorgen.

Gleichwohl war dieser Abgesang auf die politische Verantwortung ein Geschenk, dass Mobutu dem Kongo machte. Das mag zunächst paradox klingen, leuchtet aber ein, wenn man etwa an die Worte des Weltreisenden Georg Forsters denkt, der Ende des 18. Jahrhunderts über das wohlhabende Bergische Land feststellte, die Kunst zum Wohlstand eines Landes würde dadurch gewährleistet, dass die ganze Kunst darin bestehe,

> „dass der Regent sich der verderblichen Spiegelfechterei, die man gewöhnlich, obwohl mit Unrecht, regieren nennt, zu rechter Zeit zu enthalten wisse, und sein Volk mit den gepriesenen Regentenkünsten verschone.“

Wer sich mit den heutigen Verhältnissen im Kongo auskennt, dem mag dieses Aussage aus einer ganz anderen Zeit wie Hohn erscheinen – und doch ist dieser Aspekt entscheidend für die Entwicklung des Kongo. Denn wenn der Regierungschef sich des Regierens enthält, liegt die Verantwortung für das Heil des Einzelnen in den eigenen Händen.

Wonach diese eigenen Hände greifen, soll im folgenden Teil anhand von ein paar Beispielen gezeigt werden. Mit dem ersten Beispiel wird zurück in die 1980er gegangen, eben in jene Zeit, in der Mobutu sich vom Regieren zurückzog. Zur gleichen Zeit wirkte im Kongo der in Ruanda geborene Miko Rwayitare, ein in Deutschland ausgebildeter Ingenieur, der bis zu seinem Tod 2007 in Südafrika lebte. Geboren wurde er 1942, also noch in der Kolonialzeit. Er arbeitete nach dem Abschluss in Deutschland in den unterschiedlichsten Staatsbetrieben von Zaire. Als neugieriger Mann informierte er sich über die neusten Entwicklungen der Technik und erfuhr so, dass jenseits des Atlantiks mit etwas experimentiert wurde, dass Mobilfunkkommunikation genannt wurde. Für ein Land wie Zaire, in dem das Telefonnetz zwar in den Ballungsräumen einigermaßen funktionierte, aber wo zahlreiche ländliche Regionen komplett abgeschnitten waren, schien ihm das eine zukunftsgerichtete Lösung zu sein, um Menschen in Kontakt zu bringen. Zusammen mit seinem amerikanischen Geschäftspartner Joe Gatt, der ein Vertrauter Mobutus war, tat er sich zusammen und erhielt so die Erlaubnis, eine Telefonfirma zu gründen: Telecel war geboren.

Der erste, der ein solches Mobilfunktelefonat tätigte, war dann auch Mobutu, denn er wurde bei einem Aufenthalt in den USA gebeten, in Zaire anzurufen. Als der Diktator in den großen Telefonklotz schrie „Ich soll Dir Geld schicken? Wofür??“ wusste jeder der Anwesenden, dass die Verbindung geklappt hatte. Da die ersten Telefone 5400 $ kosteten, waren sie zunächst ausschließlich dem Mobutu-Clan zugänglich, doch mit der Zeit griffen auch hier die Gesetze der Marktwirtschaft und die einzelnen Geräte wurden so günstig, dass heute Kongolesen mehrere Geräte besitzen, um ihre Vernetzung mit der Welt auszudrücken.

Telecel wuchs und expandierte in die Nachbarländer des Kongo. Doch mit dem Sturz des Diktators stürzte auch das von ihm abhängige Unternehmen. Die Regierung Kabila beschlagnahmte die Firma 1998, doch konnte Rwayitare Telecel schließlich doch noch wiedererlangen und verkaufte sie an die ägyptische Firma Orascom, den größten Mobilfunkanbieter der arabischen Welt. Nach dem Ende seiner Telefonfirma blieb Rwayitare aber nicht auf dem Geld sitzen, das er verdient hatte. Nach seinem Umzug nach Südafrika kaufte er dort als erster Schwarzer ein Weingut und profitierte so vom Geschäft mit Südafrikanischen Weinen, die mittlerweile nicht nur unter Kennern den ein oder anderen Liebhaber gefunden haben.

Auch wenn die große Zeit Rwayitare noch in die Zeit Mobutus fällt, ist es doch dieser Unternehmergeist, der hier als das präsentiert werden soll, was den Kongo heute auszeichnet. Das Land mag zerstört sein und die Regierung Kabila ist beim Thema Korruption in die Fußstapfen Mobutus getreten, doch der Unternehmergeist der Kongolesen ist ungebrochen. Vor dem zweiten Beispiel muss aber dennoch kurz auf den Kabila-Clan eingegangen werden, der vorgibt, den Kongo heute zu regieren. Woher kamen die Kabilas?

Laurent-Désire Kabila trug gerne einen Cowboy-Hut. Das war aber im Prinzip auch das einzige, was ihn mit den USA verband. Als Anhänger des gestürzten und ermordeten Premierministers Lumuba sah er sich eher links des politischen Spektrums. Er war daher in jeder Form in der Opposition zu den Regierungen, die nach Lumumba an die Macht kamen – dazu gehörte auch das Regime Mobutus. Diesem war Kabila durch ewige Feindschaft verbunden. Als Führer einer Rebellenarmee im Osten des Kongo, seit den 1960er Jahren als *Simbas,* also Löwen, bekannt, sorgte er immer wieder für Aufruhr, der sich etwa 1984 in der Eroberung seiner Heimatstadt Moba am Tanganjikasee zeigte, die aber fix durch die Truppen Mobutus zurückerobert werden konnte.

Aufgrund dieser Zusammenfassung sollte man sich jedoch nicht die Hoffnung machen, Kabila sei einer der Guten. 1965 gewährte er dem lateinamerikanischen Revolutionär Che Guevara Unterschlupf. Dieser hielt wenig von seinem Gesinnungsgenossen. Der „Scheißkerl" verstehe sich mehr aufs Trinken und die Hurerei denn aufs Kämpfen. Ein Mann der Stunde sei er sicher nicht, soll er über den Rebellen-Chef gesagt haben. Und selbst die größte Autorität, die das Afrika der letzten 20 Jahre kannte, Nelson Mandela, war von Kabila enttäuscht. Als es der Präsdient Südafrikas geschafft hatte, den Krieg, der zum Sturz Mobutus führte, durch Verhandlungen abzuschwächen und sowohl den Diktator als auch Kabila an Bord eines Schiffs einzuladen, das vor der Kongo-Mündung als Ort der Diplomatie genutzt wurde, ließ Kabila die Lichtgestalt Afrikas über zwei Stunden warten, was diesen dazu brachte, voller Wut bei Kabila anzurufen und ihn augenblicklich an Bord des Schiffes zu zitieren – immerhin: der Anruf zeigte Wirkung und Kabila saß wenige Stunden später zusammen mit Mobutu am Verhandlungstisch.

Der Sturz Mobutus war Sinn und Zweck Kabilas. So schaffte er es, an der Spitze einer Armee aus ruandischen, ugandischen und angolanischen Truppen triumphal in Kinshasa einzumarschieren und ernannte sich selbst zum Präsidenten des Landes. Doch schon während sein Sieg näher rückte, wurde Kabila seinen Verbündeten, die durch amerikanische CIA-Berater unterstützt wurden, unheimlich. In Washington wusste man nicht, was auf einen zukomme. „Niemand kann mit Gewißheit sagen, wie dieser Kerl agieren oder reagieren wird“, wurde ein amerikanischer Diplomat 1997 in der Wochenzeitung *Die Zeit* zitiert. So schaffte es Kabila immerhin, dass die USA und Kuba einmal einer Meinung waren. Aber auch auf afrikanischer Seite war man mit Kabilas Haltung alles andere als zufrieden. Der bis heute regierende Präsident Ugandas, Yoweri Museveni, machte dies deutlich, als er äußerte, Kabila sei kein „geeigneter Führer der Zukunft“.

All diese Befürchtungen sollten sich bestätigen. Kabilas Präsidentschaft war geprägt von Korruption, Planlosigkeit, Improvisation und Dilettantismus, kurz: Kabila lenkte den Staat so, wie er seine Rebellen über Jahrzehnte gelenkt hatte. Was aber im Dschungel funktionierte, ist für ein gewachsenes, wenn auch desillusioniertes und an den Abgrund gewirtschaftetes Gemeinwesen denkbar ungeeignet. Innenpolitische Schwäche des Präsidenten und Eigeninteressen der am Sturz Mobutus beteiligten Länder führten daher nicht nur zum Bruch mit Kabila, sondern auch zu einem weiteren Krieg. Schon im August 1998 kam es erneut zu Auseinandersetzungen, keine eineinhalb Jahre nach dem Sturz Mobutus. Dieser Zustand blieb bestehen, bis im Januar 2001 Rashidi Mizele, ein Leibwächter Kabilas, seinen Chef tötete. Warum er dies tat, ist bis heute nicht geklärt. Kabilas Sohn übernahm daraufhin den Titel des Präsidenten, eine Regierung konnte man das, was dort in Kinshasa saß, aber kaum nennen. Bis 2003 dauerten die Auseinandersetzungen, bis Joseph Kabila zum Präsidenten einer Allparteienregierung ernannt wurde.

Das Resultat dieser ersten Jahre des Kabila-Clans lässt sich in einem Bericht nachlesen, der 2006 veröffentlicht wurde. Ihm zufolge starben seit dem Sturz Mobutus 1997 bis zum Jahre 2005 über drei Millionen Menschen im Kongo durch kriegerische Auseinandersetzungen. Anders als sein Vater hat es Kabila junor immerhin verstanden, Wahlen abhalten zu lassen. Aus diesen Wahlen 2006 und 2011 ging er zwar als Sieger hervor, aber nicht nur aus Kreisen der Opposition ist von Wahlfälschungen die Rede. Verschlimmert wird die Sache dadurch, dass die Wahlen 2016 nicht durchgeführt und auf das Jahr 2018 verschoben worden sind. Zudem starb Anfang des Jahres 2017 der Oppositionsführer Étienne Tshisekedi in Brüssel. Seitdem ist die Opposition noch zerstrittener als vorher. Politisch steht die Regierung Kabilas dafür, alte Strukturen wiederherzustellen. Statt einem mutigen Blick in die Zukunft, gilt ihr Interesse eher dem verklärten Blick auf eine nie existierende Vergangenheit. Es scheint fast so, als fiele auch im Falle von Joseph Kabila der Apfel nicht weit vom Stamm.

Jenseits der Politik führt das alles nicht dazu, dass das Leben im Kongo einfach wäre. In Afrika ist der Begriff der Familie immer stärker gewesen als der des Staates. Das ist mitunter ein Grund, warum in vielen Staaten Afrikas die Korruption blüht. Wer es schafft, an die Geldtöpfe des Staates zu kommen, der ernährt nicht nur sich, sondern auch seine Familie. Und das heißt in Afrika nicht nur seinen Ehepartner und seine Kinder, sondern auch die Eltern, deren Geschwister und Abkömmlinge und so fort. Man denke nur an den weiter oben zitierten Ausruf Mobutus beim Telefonieren. Der Anruf galt nicht etwa seinen Ministern, er galt seiner Familie.

Familie ist wichtig. Sie ernährt und stützt. Und dort, wo es keinen Staat gibt, der helfen kann, wird Familie immer wichtiger. Auch für die Zukunft. Also ist Kinderreichtum ein Segen. Denn viele Kinder zu haben, bedeutet, dass es viele gibt, die einem helfen, wenn man alt ist. Das leuchtet zwar ein und dürfte in vielen Fällen langfristig auch richtig sein, auf kurze und mittlere Sicht bedeutet Kinderreichtum aber vor allem: Kosten. Kinder sind immer und überall mit Geld und – oftmals noch wichtiger – Zeit verbunden. Wer viele Kinder hat, braucht viel Zeit, um sich um sie zu kümmern. Wer aber viel Zeit für seine Kinder braucht, hat nicht genug Zeit um Geld zu verdienen. Für viele junge Männer wird so der Traum von einer großen Familie schnell zum Albtraum. Sie haben aber Glück, denn sie können gehen und die Frau zurücklassen. Kinder sind halt Frauensache.

Und so gibt es in Kinshasa, einer Großstadt mit all den Problemen, die eine Großstadt hat, plus allen Probleme, die eine kongolesische Großstadt hat, unzählige Frauen, die ohne Mann dastehen. Sie sind hilflos und gelten als entehrt, so dass nicht einmal mehr ihre Familie für sie da ist. Andere Frauen bringen ihre Kinder zwar zur Welt, nehmen sich dann aber ein Beispiel an deren Vätern und verschwinden. Auch Waisenkinder gibt es zuhauf. Viele von ihnen auch Opfer des Krieges. Weil diese Kinder keine Chance haben, sind sie leichte Opfer für Menschen, die gerade solche Kinder suchen – um sie in Tarnanzüge zu stecken, ihnen eine Waffe zu geben und sie als Killer auszubilden. Kindersoldaten sind im Kongo ein großes Problem. Es sind dabei nicht nur Waisenkinder, deren Eltern fort sind. Oftmals werden die Eltern auch getötet, um die Kinder zu bekommen. Oder verzweifelte Eltern geben ihre Kinder an die Rebellenarmeen ab und bekommen dafür einen kleinen Obolus, der sie entlastet.

Jenseits dieser Gräuel gibt es noch ganz andere Missstände. Der kongolesische Film *Felicite* aus dem Jahr 2016 handelt von einer Sängerin in Kinshasa und ist eine nette Liebesgeschichte zwischen ihr und einem Mann, der probiert ihren Kühlschrank zu reparieren. Richtig Fahrt nimmt die Geschichte nach dem Unfall ihres Sohnes auf. Im Krankenhaus ist Felicite so erschöpft, dass eine alte gut gekleidete Frau ihr die Aufgabe abnimmt, das Medikament für ihren Sohn bei der Apotheke abzuholen. Felicite schläft ein und wird schließlich von der Schwester geweckt, die sie fragt, ob sie das Medikament geholt hätte. Felicite sucht verzweifelt die Frau und es stellt sich heraus, dass diese gar nicht zu dem Patienten gehört, der im Nachbarbett ihres Sohnes liegt. Sie hat das Geld und das Rezept gestohlen. Solche Menschen gibt es in den Krankenhäusern des Kongo tatsächlich. Sie verdienen sich damit ihr Geld.

So unverschämt dieses Verhalten auch ist, es wirkt nahezu harmlos im Vergleich zu dem Gebaren des Krankenhauses selber. Felicites Sohn braucht eine OP, die seine Mutter bezahlen muss. Das Krankenhaus aber ist nicht bereit, die OP durchzuführen, bis es nicht das Geld bekommen hat, das die OP kostet. Felicite macht sich auf den Weg und sammelt das Geld ein. Das braucht sehr lange. In der Zwischenzeit wird die Verletzung des Sohnes schlimmer und das Krankenhaus entscheidet, dass mittlerweile genug Geld zusammengekommen sei, um zwar nicht die nötige OP durchzuführen, aber um dem Jungen das Bein zu amputieren. Ein Skandal, der im Kongo Alltag ist. Obwohl das Krankenhaus keine gute Figur macht, ist die

Wahrheit im Kongo noch ein wenig schlimmer. Bei dem Krankenhaus handelt es sich um das größte in Kinshasa und Betrachter des Films waren ganz verwundert, als sie die Einrichtung des Hauses sahen. Für den Film hatte man extra Matratzen auf die Betten gelegt, denn normalerweise schlafen die Patienten dort auf dem Lattenrost.

Das sind die gesellschaftlichen und politischen Umstände, in denen nun das zweite Beispiel, das von Mapendo Sumuni handelt, beschrieben werden soll. Die junge Kongolesin von 35 Jahren dachte darüber nach, sich in Goma, einer Stadt in der Kivu-Provinz, selbstständig zu machen. Während ihrer Schwangerschaft im Jahr 2012 nahm sie eine Auszeit von ihrem Beruf und began einem Hobby nachzugehen, das in ihrer Familie schon lange Tradition hatte: Sie arbeitete mit Stoffen und kreierte kleine Armbänder und Ketten, die sich schnell großer Beliebtheit erfreuten. Gleichzeitig marschierte eine der unzähligen Rebellenarmeen in Goma ein und zwang die Frau zunächst zur Flucht in ihr Heimatdorf. Dennoch entschied sie sich, zurückzukehren und äußert heute mutig: „Ich lasse den Krieg nicht definieren, wer ich bin!“

Mit dieser Einstellung mietete sie einen Hinterhof und eröffnet eine Boutique – mitten in einer vom Krieg gezeichneten Stadt. Der Name, den sie dem Geschäft gibt, ist bezeichnend für den Kongo, eben das Land, das die Welt vergessen hat: Kivu Nuru, zu deutsch: Das Licht der Vergessenen.

Trotz allem Pessimismus ist es Sumuni gelungen, ihr Geschäft auszubauen. Sie bietet dort nicht nur eigene Kreationen an, sondern bietet allen Kreativen die Möglichkeit, dort zu verkaufen. Mittlerweile designt sie Kleider und lässt diese von eigens angestellten acht Näherinnen unweit ihres Geschäfts nähen. Sie denkt dabei groß, will exportieren und ihre Mode, die von westlicher und afrikanischer Mode inspiriert ist, weltweit verkaufen. Sumunis Laden begann erst langsam seine heutige Bedeutung zu gewinnen. Geschicktes Marketing und Kooperationen mit einem benachbarten Café brachten Kunden zu ihr, die aus der ganzen Provinz anreisen.

Egal ob Miko Rwayitare oder Mapendo Sumuni, es sind diese leuchtenden Beispiele für Menschen, die sich nicht unterkriegen lassen, egal wie furchtbar und desolat die Lage um sie herum auch ist. Das ist es, was den heutigen Kongo auszeichnet. Politisch geht es dem Land schlecht. Durch die Städte marschieren heute Kindersoldaten, von denen behauptet wird, sie tränken das Blut ihrer Gegner, um sich zu stärken. Die Regierung ist hilflos darin verstrickt, sich selbst über Wasser zu halten. Und mittendrin gibt es eine Modeboutique, deren Inhaberin daran denkt, international tätig zu werden. Das ist der heutige Kongo.

4. Morgen

Wer sich aktiv im Internet beteiligt, der wird irgendwann auf etwas stoßen, was dort als *First-World-Problem* bezeichnet wird. Es handelt sich dabei normalerweise um Probleme wie zu kurze Ladekabel für das Handy oder um die Tatsache, dass es im Supermarkt um die Ecke kein Volvic mehr gibt, was im Vergleich dazu, dass in anderen Teilen der Welt nicht mal ein Strom- oder Mobilfunknetz existiert, dafür aber akute Wassernot und keine Supermärkte, nicht mehr ganz so groß und wichtig wirkt.

Ich möchte den Begriff *First-World-Problem* aber hier noch ein wenig erweitern. Es sind dabei eben nicht nur diese oben genannten, nun ja, Probleme, die das Denken der Ersten Welt bestimmen, dazu gehören auch ganz andere Dinge. In Bezug auf den Klimawandel gibt es zum Beispiel eine Debatte, in der es darum geht, dass vor allem Frauen von der damit in Zusammenhang stehenden Dürre betroffen seien, weil sie es in traditionellen Gesellschaften sind, die das Wasser besorgen müssen, während ihre Männer zu Hause bleiben. Das führe dann dazu, dass auch Frauen diejenigen seien, die weitere Wege gehen müssten und deshalb eher sterben. Der Klimawandel wird so zu einem feministischen Problem. Eine Frage dabei ist aber auch: was macht eigentlich der Mann, wenn seine Frau vom Wasserholen nicht wieder kommt? Muss er dann nicht selber ran? Oder bleibt er zu Hause und verdurstet auch? Tatsache ist doch: Wenn das alles so eintrifft, wie die Autoren solcher Beiträge behaupten, sind am Ende beide tot. Ist es dabei wichtig, wer zuerst stirbt?

Der Klimawandel ist ein Problem von globalem Ausmaß. Es

betrifft alle Menschen zugleich und doch schaffen es einige westliche Denkerinnen und Denker ihn zu einem feministischen, einem Problem vor allem für Frauen zu machen. Dieses Denken bezeichne ich als *First-World-Problem.* Das soll nicht heißen, dass diese Probleme marginal sind, aber wenn es um das Leben als solches, die pure Existenz geht und nicht nur das Streben nach Glück, kann es manchmal von Vorteil sein, solche Probleme, die ganze Feuilletons der westlichen Zeitungen füllen, außen vor zu lassen.

Warum wird davon hier erzählt? Es hat mit der europäischen Entwicklungshilfepolitik zu tun. Diese ist oftmals bestimmt durch in Europa besonders als Problem akzeptierten Faktoren, die Afrika und den Kongo nicht wirklich interessieren. Um es einmal überspitzt zu formulieren: Wenn im Kongo eine Straße gebraucht wird, dann kann man dafür auf europäische Gelder zurückgreifen. Das Problem daran ist, dass diese Gelder von Seiten Europas nicht als Investition gesehen werden, sondern als Mittel, um auch etwas anderes, etwa die gezielte Bildung von Mädchen, zu erreichen. Man baut die Straße und die Mädchenschule und gibt sogar Geld für das Lehrpersonal, leider aber nicht für Menschen, die die Straße in Stand halten. Es stellt sich also die Frage, warum mit den Europäern verhandeln, wenn man eine Straße braucht, aber die Mädchenschule gerade eben nicht – egal wie wichtig diese in der Zukunft auch immer sein wird.

Zum Glück (oder doch zum Unglück?) gibt es in Afrika aber auch noch andere Menschen. Menschen, die ebenfalls Jahrhunderte alte

Beziehungen zu Afrika haben und gewillt sind, Geld für eine Straße in die Hand zu nehmen – als Investition für sich selber, um Geld zu verdienen. Es kann daher nicht verwundern, dass die kongolesische Zukunft wohl eher durch die Beziehung zu diesem Volk bestimmt wird, als zu Europa. Die Rede ist dabei von der Volksrepublik China.

In der chinesischen Stadt Guangzhou gibt es mittlerweile einen Bezirk, der im Volksmund als *Chocolate City* bezeichnet wird. Es handelt sich um den Bereich dieser chinesischen Millionenstadt, indem zahlreiche Afrikaner wohnen. Mittlerweile ist der Anteil afrikanischer Bewohner sogar höher als der der Chinesen, was im übrigen dazu führt, dass es auch in China zu Diskussion über die Themen *Rassismus*, *Xenophobie* und *Migration* kommt. Das ist aber ein anderes Thema.

Die chinesisch-afrikanischen Beziehungen werden in Zukunft die Geschicke Afrikas bestimmen. Das hat nicht nur mit dem chinesischen Wachstum zu tun, sondern auch damit, dass China sich seit der Zeit des Kalten Krieges in einer Führungsrolle in der dritten Welt sieht und dieser Rolle auch in Afrika nachkommen will. Davon wird auch der Kongo beeinflusst. Schon heute gibt es zahlreiche Geschäftsleute, die in China erfolgreich tätig sind. In der Zukunft wird hier die Zusammenarbeit noch gestärkt werden.

Der Grund dafür liegt im Elektroauto. Während man in Deutschland noch für den sauberen Diesel kämpft, hat man in China längst Tatsachen geschaffen. Eine Quote für Elektroautos ist eingeführt. Der Smog von Peking soll in Zukunft der Vergangenheit angehören. Die deutschen Autobauer zittern vor diesem Vorhaben, weil sie allem Anschein nach ihre ganze Kompetenz darauf verlegt haben, Testergebnisse zu fälschen, statt in die Zukunft zu investieren. Eine chinesische Firma kauft in dieser Zeit die schwedische Automarke Volvo, die angekündigt hat, komplett auf Elektroautos umzustellen. Wenn dieselbe chinesische Firma bzw. deren Chef als Privatperson 2018 auch zehn Prozent von Daimler kauft und so zu einem großen Player innerhalb des Konzern wird, kann man wohl davon ausgehen, dass Mercedes an diesem von China ausgehenden Geschäft verdienen wird. Grundlage für dieses Geschäft aber ist Kobalt, das gebraucht wird, damit die Elektroautos funktionieren. Wie es damals der Kautschuk war, der den Kongo wirtschaftlich interessant machte, so ist es heute das in der Erde von Katanga liegende Kobalt, das in Zukunft nach China, Schweden und ggf. auch Stuttgart gebracht werden wird.

Auch heute schon kommt einer der wichtigsten Rohstoffe des Computerzeitalters aus dem Kongo, der die zweitgrößte Menge an Coltan besitzt. Wer nicht gerade ein Samsung-Handy besitzt, der darf sich darüber freuen, mit großer Sicherheit ein Stück Kongo mit sich herum zutragen. Samsung und ein paar andere kleinere Hersteller haben sich dazu entschlossen, kein Coltan aus dem Kongo zu verarbeiten und greifen lieber auf das Coltan Australiens zurück. Der Grund dafür ist schlicht moralischer Natur. Die Bedingungen, unter denen dieses Material im Kongo abgebaut wird, sind furchtbar. Ohne Sicherheitskleidung oder Arbeitsschutz, der den Namen verdient, arbeiten Kongolesen unter Tage und bauen das Metall ab, das über Ruanda und Tansania in die Welt verschifft wird. Der Lohn für diese harte Arbeit ist gering und reicht kaum zum Leben, ist aber für zahlreiche junge Männer, die einzige Möglichkeit, sich und ihre Familien zu ernähren. Dieser informelle kongolesische Mineralienexport ist dabei ein millionenschweres Geschäft, das geschäftliche Strukturen nötig macht. Diese hängen im Kongo einzig von Personen ab, nicht vom Staatswesen.

Es bleibt abzuwarten, ob der Boom des Kobalt, der kurz bevorsteht, diese Bedingungen verstärkt oder abwenden wird. Sicherlich ist die Stabilität von Geschäftsbeziehungen, die ausschließlich über eine Person autorisiert und getragen werden, besonders brüchig, wenn eine solche Person ausfällt. Eine staatliche Autorität wäre dafür besser geeignet. Allerdings gibt es im Kongo diese Autorität nicht. Es ist daher bezeichnend, dass sich im Osten und Süden der Demokratischen Republik Kongo erste Anzeichen von Abspaltungen zeigen. Wie oben erwähnt, war Katanga unter Tschombé schon in den 1960er Jahren einmal unabhängig gewesen und vor der Existenz des Kongo-Freistaats gehörte es nicht einmal zu dem Gebiet, das in Berlin 1884/85 besprochen wurde. So ist es nicht verwunderlich, dass einige Rebellengruppen diesen Zustand wieder herstellen möchten, zumal Katanga die reichste Provinz des Landes ist. So kam es 2013 nicht nur zu einem ersten kämpferischen Aufruhr, sondern auch zur Verbreitung einer Unabhängigkeitserklärung der *Multirassischen Bundesrepublik Katanga*. Werden solche Bestrebungen durch wirtschaftliches Wohlwollen, etwa durch einen Zusammenschluss europäischer und chinesischer Interessen gefördert – was nicht unmöglich ist, einige Straßen im Kongo wurden durch solche Jointventures bereits gebaut – dann wäre eine solche Abspaltung durchaus möglich, zumal ein überschaubares Gebiet immer leichter zu kontrollieren und zu sichern ist, als ein großes Land wie der Kongo. Im Falle Katangas heißt überschaubar aber immer noch ein Gebiet zu sichern, das die Größe der Bundesrepubliken Deutschland und Österreich, der Eidgenossenschaft Schweiz und des Fürstentums Liechtenstein aufweist.

Der Osten des Landes indes ist vom Einfluss Ruandas und vor allem der Volksgruppen der Hutu und Tutsi geprägt. Das ein Überwinden der in Europa vor fast 150 Jahren gezogenen Grenzen hier eventuell zu einem Zusammengehen der kongolesischen Ostprovinzen mit Ruanda und Burundi führt, ist nicht unwahrscheinlich. Die seit dem Dritten Kongokrieg 2007 unruhige Region ist zudem ein Ort ständiger Flüchtlingsbewegungen und kennt kaum Grenzen. So ist es möglich, dass die Designer-Kleidung von Mapendo Sumuni in Zukunft nicht mehr aus dem Kongo kommt, sondern aus einem neuen noch zu gründenden Staat, aber immer noch aus Goma.

Das größte Kapital des Kongo ist aber immer noch sein Fluss. Die Geschwindigkeit, die der Kongo-Fluss aufbaut, während er sich durch die engen Katarakte im Nordwesten des Landes bahnt, sind so kräftig, dass es möglich wäre, mit einem geeignetem Kraftwerk ganz Afrika mit Strom zu versorgen. Auch diese Möglichkeit der regenerativen Energie ist kaum Zukunftsmusik. Tatsächlich wurden Pläne südafrikanischer und angolanischer Unternehmen für dieses Kraftwerk zeitweise umgesetzt, bevor es kolossal scheiterte. Dies lag nicht an der Technik, sondern schlicht an einem Unvermögen der Verwaltung. Dennoch wird weiter an der Umsetzung der Pläne gearbeitet. Federführend sind auch dabei Unternehmen, die es geschafft haben, Afrika untereinander und vor allem mit dem asiatischen Raum zu vernetzen – auch chinesische Anbieter spielen hierbei eine Rolle.

Ein weiteres Problem, das das Leben im Kongo prägt, ist eine genetische Krankheit, die im Biologie-Unterricht oftmals als Beispiel für die Vererbungslehre genutzt wird. Es handelt sich um die Sichelzellen-Anämie, eine Blutkrankheit, die vor allem Afrikaner und Menschen des Mittelmeerraums betrifft.

Sichelzellen sind Blutzellen, die eben nicht rund sind, wie normale Blutzellen, sondern die Form einer Sichel annehmen. Das bedeutet, dass sie weniger Sauerstoff transportieren und dass es manchmal zu so genannten Schmerzkrisen kommt, die die Gelenke lahmlegen. Es ist ein Gefühl wie ein Krampf, der für Stunden oder Tage bleibt. Gegen solche Schmerzkrisen hilft nichts. Man geht ins Krankenhaus, bekommt Morphium und wartet, bis die Schmerzen aufhören. Das kann ein bis zwei Wochen dauern. Ein anders Symptom ist eine gewisse Müdigkeit, die bis zur Lethargie reichen kann. Auch Depressionen sind Symptome dieser Krankheit. Menschen mit Sichelzellen, fallen also häufig wegen Schmerzen aus, sind oft müde, schlecht drauf und bekommen kaum etwas fertig.

Der Kongo ist ein Land, in dem nach konservativen Schätzungen 15 bis 18 Prozent der Bevölkerung, nach anderen Angaben bis zu 40 Prozent an einer solchen Krankheit leiden. In ganz Zentralafrika sind Millionen Menschen von einer solchen Krankheit betroffen. 15 bis 40 Prozent der Bevölkerung. Wer einen kleinen Betrieb mit zehn Mitarbeitern hat, von denen regelmäßig zwei bis vier Leute ausfallen, wird die Firma kaum halten können.

Diese Krankheit hat im Laufe der Evolution einen einzigen Vorteil für ihre Träger gehabt: Malaria bekommen sie nicht. Dass das bekannt ist, hat damit zu tun, dass diese Krankheit mittlerweile besser erforscht wird, als noch vor ein paar Jahren. Dass dieses passiert, hat auch damit zu tun, dass Pharmaunternehmen mittlerweile wissen, was für ein großer Markt Afrika ist, und dass dieser Markt für Sie Geld abwirft. Das Kreieren eines neuen Produkts ist zeit- und kostenintensiv. Eine Investition wird dementsprechend vor allem dann gemacht, wenn man sich einen hohen Output verspricht.

Im Falle der Sichelzellen-Anämie ist genau das passiert. Das Schweizer Pharmaunternehmen Novartis hat den Markt für Sichelzellen als für sich passend erkannt und ein Mittel entwickelt, dass die Schmerzkrisen vorbeugend behandeln soll. Die Tests des Medikaments *SEG 101* sind erfolgreich verlaufen, die Ergebnisse sind im *New England Journal of Medicine* veröffentlicht worden und wurden von anderen Wissenschaftlern gut aufgenommen. Anträge auf Zulassung sollen im Jahr 2018 für die USA und 2019 für Europa gestellt werden. Wenn diese Zulassungen erfolgt sind, wird das Produkt auch für Afrika Verwendung finden und im Kongo helfen können.

5. Schluss

Der Kongo und mit ihm ganz Afrika können so eigentlich optimistisch in die Zukunft blicken. Mag die Gegenwart noch so übel wirken, die Zukunft kann nur besser werden. Dazu gehört auch, dass viele junge Kongolesen ihren Blick längst von Europa abwenden, und sich auf anderes konzentrieren. Dazu gehört klar China, aber noch klarer Afrika selber. Wenn die SOS-Kinderdörfer mittlerweile dazu übergehen, ihre Einrichtungen in die Hände afrikanischer Staaten zu übergeben, weil sich diese als fähig erweisen, die Arbeit weiter zu treiben, dann ist ein großer Schritt getan. Wichtig ist dabei, dass man sich nicht an der Vergangenheit festklammert, wie es so viele Politiker und Denker der Dekolonialisierung getan haben. Die kommende Generation hat davon keine Ahnung und kann doch voller Stolz auf ihre Geschichte zurückblicken, die als Vorbild dienen mag für ein eigenständiges, lebendiges und buntes Afrika. Auch der Kongo ist, trotz seiner Schwierigkeiten auf dem Weg, diesen Schritt zu gehen.

Die Erfindung des Rassismus im Zeitalter der Aufklärung

Einleitung: Was ist Rassismus?

Der Begriff *Rassismus* gehört zu jenen Begriffen, die allgegenwärtig sind und daher so oft Verwendung finden, ohne dass man sich Gedanken über seine Bedeutung macht. Gleichzeitig ist seine Verwendung aber immer negativ. Selbst Menschen, die klar ein rassistisches Denken an den Tag legen, würden sich verbitten als Rassisten bezeichnet zu werden. Die Verwendung des Begriffs geht dabei soweit, dass in vielen Abhandlungen über Rassismus – vor allem solchen, die sich mit der Geschichte des Rassismus beschäftigen – die Begriffsbestimmung außen vorgelassen wird.

Dabei machte bereits Robert Miles in seiner Arbeit zur Geschichte und Theorie des Rassismus Ende der 1980er Jahre darauf aufmerksam, dass ohne eine genau Bestimmung, der Rassismusbegriff so weit gefasst werden kann, dass auch die Frauenfeindlichkeit darunter fallen könne. So konnte er zeigen, dass die Definition des Wortes, die von der UNESCO vorgelegt wurde, wenig zielführend ist, wenn man sich wissenschaftlich mit dem Begriff auseinandersetzen will.

Aber bereits der chinesische Philosoph Konfuzius wusste sehr genau, dass ohne eine genaue Begriffsbestimmung, die Welt im Chaos versinken muss, da sich einzig aus ihr Regeln für ein Zusammenleben aller Menschen ableiten können. Jemanden, der sich in Gegenwart von fremden Menschen unwohl fühlt, als Rassisten zu bezeichnen, wird dieser Vorwurf nicht aus seiner beklemmenden Stimmung befreien. Wenn die Großmutter des ersten afroamerikansichen Präsidenten der USA, Barack Obama, trotz der Liebe zu ihrem Enkel die Straße wechselte, wenn ihr ein schwarzer Amerikaner entgegen kam, so lässt sich dieses Verhalten wohl kaum als Rassismus bezeichnen.

Für dieses Verhalten scheint es angebracht eher von Xenophobie zu sprechen, von Angst vor Fremden. Aus einer solchen Angst kann sich bei Menschen mit stärkerem Selbstbewusstsein auch ein Hass auf Fremdes entwickeln. Dieses Verhalten findet sich nicht alleine bei Menschen. Auch im Tierreich ist ein eher skeptischer Umgang mit Fremden vor allem bei Tieren mit strikter gesellschaftlicher Ordnung vielfach belegt. Das geht so weit, dass sogar Kriege zwischen Insektenvölkern, etwa zwei benachbarten Ameisenhaufen, beobachtet wurden. Es ist demnach davon auszugehen, dass die Furcht und die daraus abgeleitete Feindlichkeit gegenüber Fremden als eine anthropologische Grundkonstante bezeichnet werden kann, die ihren Ursprung darin hat, dass Angst und Vorsicht das Überleben von Einzelnen und Gruppen sicherten.

Der Rassismus-Begriff ist aber weitergehend als die bloße Angst vor dem Fremden. Wenn nämlich die Angst vor dem Fremden, die einzige Grundlage für den Umgang mit dem Fremden gewesen wäre, dann wäre das Überleben der Spezies Mensch sicherlich auch nicht gesichert gewesen. Schon aus Sicht der Biologie ist eine genetische

Durchmischung für das Überleben einer Spezies nötig. Dass eine kulturelle Fortentwicklung nur im Austausch mit anderen möglich ist, wird jeden Tag durch neue archäologische Funde belegt, die verblüffende Artefakte dort aufweisen, wo man sie nie vermutet hätte. Denn auch die Faszination für das Fremde und die Fremden ist eine Grundkonstante menschlicher Entwicklung, die das Werden von Gesellschaften mindestens so beeinflusst hat, wie die Ablehnung desselben.

Zwei Herzen schlagen demnach in der Brust der Menschheit. Die Angst vor dem Fremden und die Sehnsucht nach dem Fremden. Beide Ausprägungen sind wichtig für die Existenz von Gruppen und Gesellschaften. Damit stellt sich die Frage danach, wie das Fremde bzw. wie die eigene Gruppe definiert wird. Darin schließlich liegt der Schlüssel zum Verständnis der Erfindung des Rassismus.

Der Begriff selber ist noch gar nicht so alt. Erst in den 1930er Jahren (wann sonst, möchte man fragen) taucht er als Titel eines Werkes von Magnus Hirschfeld auf. Schon er tut sich schwer mit einer Definition und findet keine Abgrenzung zur Xenophobie. Allerdings ist bereits für Hirschfeld und seine Nachahmer klar, dass das Wort Rassismus als *terminus technicus* genutzt werden muss, um sich kritisch mit einer vermeidlich wissenschaftlichen Rassenkunde auseinanderzusetzen. Mit Ruth Benedict findet sich 1942 eine erste wirkliche Definition, in der Rassismus als „das Dogma, das eine ethnische Gruppe von der Natur zu angeborener Unterlegenheit verdammt, eine andere dagegen zu angeborener Überlegenheit auserkoren ist“ bezeichnet wird.

Damit hat Benedict zwar eine auch heute noch auf den ersten Blick klare Definition geschaffen, doch schon auf den zweiten Blick stellen sich auch hierbei weitere Fragen. Wie definiert sich ethnische Gruppe? Welche Anzeichen gibt es für Überlegenheit, welche für Unterlegenheit? Wer legt diese Rangordnung fest? Klar ist aber auch, dass die Natur in dieser Definition eine entscheidende Rolle spielt. Denn sie bildet eine Grenze, die der Mensch von sich aus nicht überschreiten kann. Entweder eine Gruppe von Menschen ist überlegen, oder eine Gruppe ist unterlegen. Eine Entwicklung ist nicht möglich – weder nach unten, noch nach oben.

Was ist demnach davon zu halten, dass der amerikanische Historiker Ibram X. Kendi in seinem Buch *Gebrandtmarkt* von 2016 den Rassismus der USA in zwei Unterströmungen gliedert. Für ihn gilt auf der einen Seite derjenige als Rassist, der segregationistisch argumentiert und eine Vermischung ablehnt, weil die in Frage kommenden Gruppen nicht gleich sind. Eine Trennung ist daher absolut nötig und natürlich. Auf der anderen Seite aber finden sich in der Gruppe der Rassisten auch jene, die assimilatorisch denken und somit davon ausgehen, dass die unterlegene Gruppe in der Lage ist, zur überlegenen Gruppe aufzuschließen, indem jene deren Kultur übernimmt. Wenn es aber natürliche Unterschiede gibt, wie Benedict definiert hat, dann kann es keine kulturelle Möglichkeit der

Assimilation geben. Im Sinne Benedicts ist der Assimilationismus daher kein Rassismus.

Wenn demnach die Natur eine so wichtige Rolle für den Rassismus spielt und der Begriff selber in seiner ersten Benutzung darauf abzielt, einen kritischen Umgang mit einer vermeintlich wissenschaftlichen Rassenlehre aufzuzeigen, dann muss man sich wohl doch auch den Begriff der Rasse näher ansehen. Dieses Wort, das Besitzern von Haustieren ohne Probleme über die Lippen geht, wenn sie sich nach der Rasse von Hund, Katze oder Pferd erkundigen, ist im menschlichen Kontext äußerst kompliziert.

Schon das Wort selber führt in die Irre. Der Historiker Christian Geulen führt es auf gleich zwei Ursprünge zurück. So soll es zum einen aus dem Arabischen kommen und sich von *raz* ableiten, was mit Kopf, Anführer und Ursprung übersetzt werden kann. Auch im Hebräischen ist zumindest das Wort Anführer als ראש bekannt. Zugleich findet Geulen auch im lateinischen Wort *radix* einen Ursprung des Wortes Rasse. Nach Geulen war die Bedeutung des Wortes im 15. Jahrhundert zwei geteilt. Zum einen bezeichnete das Wort Adelsdynastien, zum anderen edle Pferde. Gleichsam war die Bedeutung doch ähnlich, ging es doch um *Nobilität, Größe* und *edle Abkunft*. Die arabische Wurzel als Erklärung führt Geulen wohl auch deswegen an, weil er den Ursprung des Rassismus im Sinne von Rassen tatsächlich im Spanien der *Reconquista* vermutet und ihn mit der Judenverfolgung der damaligen Zeit in Verbindung bringt. Doch damit setzt er viel zu früh an, wie hier später noch gezeigt werden soll.

Wenn es um Etymologie geht, greift man im besten Falle zum Kluge, dem etymologischen Lexikon der deutschen Sprache. In seiner 25. Auflage erklärt es, dass das Wort Rasse erst im 18. Jahrhundert in Deutschland Verwendung findet, sich aus dem französischen Wort *race* ableitet und, hierin ist sich der Kluge mit Geulen einig, *edle Abstammung* meint. Aber auch eine spätere Verwendung des Wortes im Sinne von *Varietät* oder *Art* ist nachweisbar. Der kleine Artikel im Lexikon geht noch weiter und führt die französische Form des Wortes, die im 15./16. Jahrhundert in Gebrauch kommt, auf den Begriff *razza* zurück, der in der italienischen Sprache des 14. Jahrhunderts zum ersten Mal nachweisbar ist. Dann aber stockt der Etymologe und verweist darauf, dass „eine weitere Herleitung des Wortes […] ohne Zusatzannahme nicht zu erreichen“ sei. Geulens Überlegung wird durch die historische Linguistik nicht bestätigt. Weder das Lateinische noch das Arabische können ohne komplexe Sprachtheorien als Ursprung des Wortes angenommen werden. Spanischer Einfluss spielt für die Etymologie gleichwohl keine Rolle.

Was aber bezeichnet nun Rasse genau? Sowohl Geulen als auch der Kluge reden klar von *Abstammung* bzw. *Abkunft*. Es scheint sich also um die Vorstellung zu handeln, dass über Eltern, Großeltern und

Vorfahren gewisse (ursprünglich wohl vor allem edle) Merkmale auf ein Individuum, egal ob Pferd oder Adeliger übergegangen sind. Ganz so wie auch, um noch einmal darauf zurückzukommen, heute Hundehalter über Rasseneigenschaften ihrer Haustiere sprechen. Der Hund hat nicht nur eine bestimmte Farbe und Größe, sondern auch bestimmte Charaktereigenschaften, die seine Zugehörigkeit zu einer Rasse bestimmen. Führt man nun noch die Definition Ruth Benedicts über Rassismus hinzu, lässt sich die folgende, abgeleitete Definition für Rassismus finden:

Rassismus bezeichnet das Dogma, das eine ethnische Gruppe, die durch Abstammung bestimmte äußere Merkmale und Charaktereigenschaften aufweist, von der Natur zu angeborener Unterlegenheit verdammt, eine andere dagegen zu angeborener Überlegenheit auserkoren ist, wobei eine Angleichung der beiden Gruppen nicht möglich ist.

Zum Abschluss der hier vorgelegten Begriffsbestimmung ist es nötig, noch die Frage zu klären, wer letztendlich festlegt, welche Gruppe unterlegen und welche überlegen ist. Es versteht sich, dass kein Mitglied irgendeiner Gruppe ursprünglich davon ausgeht, zu einer unterlegenen Gruppe zu gehören. Xenophobie zeichnet sich ja gerade dadurch aus, dass man die eigene Gruppe vor dem Fremden schützen will. Ein solcher Schutz aber macht ja nur dann Sinn, wenn man davon ausgeht, dass die eigene Gruppe schützenswert ist. Schützenswert kann aber nur sein, was von hohem Wert ist. Damit ist die eigene Gruppe, ist das Individuum von hohem Wert und der Fremde von niederem Wert. Mit der Zeit aber ist es möglich, dass der Fremde seinen Wert für das Individuum, für die Gruppe zeigt und so Teil der Gruppe wird. Die Assimilation, die für den amerikanischen Historiker Kendi Rassismus ist, ist wohl tatsächlich Kern dessen, wie Xenophobie überwunden werden kann.

2. Geschichte des Rassismus?

Der klassische Umgang mit dem Fremden ist die Assimilation. Wer als einzelner, als Minderheit in eine existierende Gesellschaft kommt, hat, will er akzeptiert werden, die Pflicht sich zu assimilieren. Dazu gehört in erster Linie der Erwerb der vorherrschenden Sprache. Schaut man etwa auf einen der beiden Ursprünge der abendländischen Kultur, das antike Griechenland, so findet sich für den Fremden dort das Wort *Barbar*. Der Begriff aber leitet sich etymologisch davon ab, das ein Volk ein anderes nicht versteht. Diese nicht verständliche Sprache wird als *Kauderwelsch* oder eben *barbar* verstanden. Interessanterweise besteht keine Einigkeit darüber, wie der Begriff ins Griechische gekommen ist. Neben der These, dass es sich um ein genuin griechisches Wort handelt, besteht auch die Möglichkeit, dass der Begriff ägyptischen Ursprungs ist. So wäre dann der Begriff, der Fremde bezeichnet, deren Sprache man nicht versteht, selber aus einer Sprache übernommen, die nicht die eigene ist. Wenn aber die Sprache der Faktor ist, der den Fremden vom Eigenen trennt, dann ergibt sich daraus die Frage, ob derjenige, der die Sprache lernt, tatsächlich noch als Barbar, als Fremder bezeichnet werden kann.

Aus dem Alten Ägypten sind Hinweise belegt, die klar zeigen, dass, wer die Sprache beherrscht und sich wie ein Ägypter kleidet, ungeachtet seiner Herkunft als Ägypter gilt. Das zeigt sich in zahlreichen Kunstwerken, die das Volk Ägyptens, einem Land an der Grenze zwischen Asien, Afrika und Europa, in den unterschiedlichsten Farben und Formen darstellt. Auch Griechenland zeichnet sich in seiner alltäglichen Praxis dadurch aus. Zwar haben Fremde etwa in Athen kein Wahlrecht, doch dürfen sie Handel treiben. Als Kolonialmacht im Mittelmeerraum ist Griechenland zudem auf die einheimische Bevölkerung in Kleinasien und Nordafrika angewiesen. Auch in Griechenland selber finden sich Hinweise auf gut integrierte Menschen afrikanischer Herkunft.

Mit dem Philosophen Aristoteles findet sich ein Denker, der die Menschen bereits in verschiedene Klassen unterteilt und sich dabei einer Klimatheorie bedient. Dieser Theorie zur folge ist das Klima für den Charakter der unterschiedlichen Völker entscheidend. Da er selber Grieche ist, kann es nicht verwundern, wenn er das Klima Griechenlands zum besten und dementsprechend auch die Griechen zu dem Volk erklärt, das am höchsten entwickelt ist. Das Klima Afrikas hingegen fördere keine hohen Zivilisationsleistungen. Damit ist gleich auch wieder der Aspekt der Assimilation angesprochen. Wer das afrikanische Klima verlässt, um nach Griechenland zu kommen, ist in der Lage sich zu verbessern.

Der Gedanke der Assimilation muss davon ausgehen, dass gewisse Umweltfaktoren die kulturelle Entwicklung behindern, aber alle Menschen im Prinzip gleich sind. Dass zeigt sich auch an der Mythologe der Griechen. Wenn der Sohn des Helios nicht in der Lage ist, den Sonnenwagen des Vaters so zu lenken, wie der eigentliche Gott, und ihm so die Pferde durchgehen, die die Sonne so nah an die Menschen Afrikas heranbringen, dass deren Haut verbrennt und schwarz wird, dann ist das auf der einen Seite ein Hinweis darauf, dass alle Menschen im Prinzip weiß sind, und warum sollten die Griechen von etwas anderem ausgehen, zum anderen aber auch, dass alle Menschen gleich sind.

Besonders deutlich wird der Umgang mit dem Fremden in Helidors *Aithiopika*. Dabei handelt es sich um eine klassische Liebesgeschichte, allerdings stammt die Heldin, Charikleia, aus Äthiopien. Der Clou der Geschichte liegt darin, dass die Heldin zwei schwarze Eltern hat, aber dennoch als Weiße geboren wird. Die Mutter schickt ihr Kind, aus Angst vor der Reaktion des Vaters, deswegen in die Ferne und im Verlauf der Geschichte kehrt Charikleia nach Hause zurück. Dort wird sie als außergewöhnlich schön wahrgenommen. Die Kurzinterpretation würde nun behaupten, dass natürlich die Weiße als schön gilt, während die Schwarzen um sie herum hässlich sind. Tatsächlich aber kann man auch eine andere Perspektive einnehmen und sagen, weil sie weiß ist, und damit eben fremd und in einem Land mit schwarzer Bevölkerung somit exotisch wirkt, ist sie schön. Gerade das Fremde macht die Schönheit der Charikleia aus, nicht ihre Hautfarbe.

Auch in Rom kommt dem Fremden durch Assimilation die Möglichkeit zu, nicht mehr fremd zu sein. Das beste Beispiel dafür ist sicherlich Tacitus' *Germania.* Darin wird die römische Gesellschaft dadurch kritisiert, dass der Autor den Römern die germanischen Barbaren als bessere Menschen vor Augen führte. Im späten Kaiserreich gehörte die Integration gallischer und germanischer Menschen in die römische Bürokratie und das römische Heer zum Alltag. Die Auseinandersetzung mit dem griechischen Erbe war für Rom essentiell. Der ältere Plinius ist dafür ein Paradebeispiel. Während er in seiner Naturgeschichte auf der einen Seite probiert die Griechen in vielen Fällen lächerlich zu machen, beruht sein gesamtes Werk auf der Kenntnis eines griechischen Bildungskanons.

Ausschreitungen gegen das Fremde und seine Vertreter finden sich daher vor allem dann in der antiken Welt, wenn sich Fremde weigern, sich zu assimilieren. Zwei Gruppen stechen dabei vor allem heraus. Während es in der Zeit der alten Hochkulturen vor allem die Juden sind, die sich weder in Ägypten noch in Babylon in die Gesellschaft assimilieren, so sind es ab dem römischen Kaiserreich die Christen, die dem Kaiser die Gottheit absprechen. Dabei ist das Christentum von seiner Idee her eine egalitäre, eine gleichmachende Religion. Der eine Gott kann ohne Probleme von allen Gläubigen angerufen werden und alle Menschen sind in der Lage schnell und unproblematisch der Religion beizutreten, was etwa beim Judentum nur schwer möglich war. Von der Idee her sind alle Christen gleich und alle Menschen konnten Christen werden. Der Apostel Paulus verkündete, dass es keinen Unterschied zwischen Juden und Heiden gebe.

Das Christentum war damit über Jahrhunderte die assimilierende Religion überhaupt. So konnte es zur Staatsreligion des römischen Reiches werden – und übernahm damit auch wieder Ansätze der Gesellschaft, die sich von seinem egalitären Anspruch weit entfernten. Deutlich wird dies klar am Beispiel des Umgangs mit dem Islam. Dieser wurde seit seiner Verbreitung im 7. Jahrhundert als Konkurrenz zum Christentum angesehen. Das hatte zum einen klar mit der schnellen militärischen Übernahme von Regionen zu tun, die das Christentum geprägt hatten. Das nördliche Afrika mit dem Bischofssitz Hippo, wo der Kirchenvater Augustinus gewirkt hatte, wurden muslimisch. Aber auch der noch leichtere Übertritt zum Islam, der sich einzig durch das Aufsagen eines Spruches vollziehen lässt, während es mit der Taufe im Christentum immerhin ein zu vollziehendes Ritual gibt, führt zur Ablehnung des Islam und zu einer offenen Kriegserklärung seit dem 8. Jahrhundert.

Dennoch gilt weiterhin das Bekenntnis zu Christus. Wer sich durch die Taufe zu Jesus Christus bekennt, ist Christ und kein Fremder. Das gilt auch für angehörige des muslimischen Glaubens. Damit wird der assimilatorische Gedanke fester Bestandteil des christlichen Europas. Das zeigt sich auch in der Literatur.

Im 12. Jahrhundert schreibt der Dichter Wolfram von Eschenbach basierend auf einer französischen Vorlage den *Parzival*, der zu einem mittelalterlichen Bestseller mit über 80 Handschriften und zahlreichen Zitaten und Lobensworten späterer Dichter wird. Er ist eines der ersten gedruckten Bücher. Parzival ist ein Ritter von König Artus, der seine Tatkraft und Besonderheit in einer abenteuerlichen Reise erst zeigen muss. Den ersten Teil des Romans beginnt Wolfram jedoch mit Parzivals Vater Gahmuret. Dieser erlebt auch ein solche Reise und landet in der Stadt Zazamanc, deren Bewohner alle schwarz sind. Obwohl Gahmuret sich in der Fremde nicht wohlfühlt, verliebt er sich dennoch in die schwarze Königin Belekane, denn „die Hautfarbe der Königin übertraf das Tageslicht wahrhaftig nicht. Wohl war sie von fraulichem Wesen und feingebildet, doch nicht wie die taubenetzte Rose, denn sie war tiefschwarz." Die beschriebene Schönheit dieser Frau könnte man natürlich deuten als das konventionelle Bild der schwarzen Frau als erotische, wilde Nymphomanin, doch das greift zu kurz. In der mittelalterlichen Literatur gilt der Grundsatz, dass schöne Menschen auch immer einen schönen Charakter haben. Wenn Belekane also als schön beschrieben wird, dann besitzt sie zugleich auch einen schönen inneren Charakter, der diesem traditionellen Bild der Sex besessenen schwarzen Frau widerspricht.

Gahmuret zeugt mit ihr einen Sohn mit Namen Feirefiz. Wolfram beschreibt diesen Jungen als einen

> „zwiefarbenden Sohn, an dem Gott ein Wunder getan hatte: Seine Haut war nämlich weiß und schwarz gescheckt. […] Haar und Haut waren bei ihm weiß und schwarz gefleckt wie das Gefieder einer Elster.“

Von der Geburt dieses Sohnes erfährt Gahmuret nichts, denn er flieht, heiratete die Mutter Parzivals, schwängert auch sie und stirbt ehrenhaft. Am Ende des Romans treffen beide Söhne im Kampf aufeinander. Dabei passiert etwas für den Leser Außergewöhnliches. Der titelgebende Held Parzival verliert gegen seinen Halbbruder und dieser erweist sich als ehrenvoll und verschont das Leben des Gegners. Erst danach erkennen beide, dass sie den selben Vater haben. Feirefiz gehört fortan zum Gefolge von Parzival und verliebt sich in dessen Tante. Damit hat Parzival ein Druckmittel, das er auch ganz gezielt einsetzt: „Willst du meine Tante zur Frau, dann musst du ihretwegen all deinen Göttern absagen, den Teufel bekämpfen und mit Treue die Gebote des allerhöchsten Gottes erfüllen.“ Feirefiz tut dies sofort, darf daher seine Angebetete heiraten und zieht mir ihr am Ende nach Indien, wo er zum Vorfahren des im Mittelalter berühmten und mit Sehnsucht erwarteten Priesterkönigs Johannes wird.

Auch dieser Priesterkönig Johannes ist ein Beispiel dafür, wie im Mittelalter mit Fremdheit umgegangen wurde. Seit dem 12. Jahrhundert ist durch einen gefälschten Brief bekannt, dass irgendwo hinter dem Reich der Moslems ein großes Reich liegen soll, in dem ein Priesterkönig herrscht. Wo genau dieses Reich liegt weiß man nicht so genau, aber Ostafrika und Indien sind die großen Favoriten. Da zudem das geographische Wissen noch nicht allzu weit fortgeschritten ist, kann das auch alles ein Land sein. In allen Darstellungen wird Johannes schwarz dargestellt. Auf ihn richten sich die Hoffnungen der Christen, denn es wird gesagt, dass er quasi aus dem Hinterhalt die islamischen Reiche des Ostens angreifen wird. Als die Mongolen kommen, werden diese kurzzeitig für die Armee des Priesterkönigs gehalten, bis man in Europa den Irrtum bemerkt. Die Legende vom Priesterkönig geht wohl zurück auf die Königreiche Äthiopien und Aksum, die als christliche Orte das gesamte Mittelalter hindurch Bestand hatten. Die Legende vom Priesterkönig beeinflusst noch Vasco da Gama. Als dieser Ende des 15. Jahrhundert in Indien ankam, hielt er die Menschen dort für Untertanen des Priesterkönigs.

Die beiden erwähnten Geschichten von Feirefiz und Johannes sind alle Teil der Idee der christlichen Assimilation. Beide sind bzw. werden Christen und sind somit Teil der eigenen Kultur – egal wie fremd sie äußerlich erscheinen mögen bzw. wie weit sie weg sind. Anders sieht das für Menschen aus, die sich rein äußerlich kaum unterscheiden und in vielen mittelalterlichen Städten zu Hause waren: Die Juden. Zu diesen besteht ein gespaltenes Verhältnis. Denn zum einen ist das Alte Testament Teil der christlichen Bibel und somit Teil der christlichen Tradition. Die Psalmen gehören zu jenem Teil der Bibel, der auch schon vor der ersten vollständigen Bibelübersetzung ins Deutsche übertragen wurde. Auf der anderen Seite gelten die Juden als Fremde, die oftmals gar nicht assimiliert werden wollen. Damit stehen sie außerhalb der christlichen Ordnung. Hinzu kommt die Tatsache, dass Probleme, etwa Epidemien, deren Ursachen man nicht kennt, den Fremden in den eigenen Reihen angehängt werden. Legenden von der Brunnenvergiftung oder auch dem Verspeisen von Kindern entstehen, die im Laufe des Mittelalters zu Pogromen führen, die auch die Kreuzzüge begleiten, die sich eigentlich ausschließlich gegen die Muslime richten sollten. Der Antisemitismus ist damit ein Problem, das seine Wurzeln darin hat, dass es eben keine Assimilation der Juden gab, selbst wenn sie Teil der mittelalterlichen Gesellschaft waren.

In Bezug auf den Antisemitismus kamen im Zuge des Reformationsjubiläums 2017 vereinzelt auch kritische Stimmen zum Reformator Martin Luther auf. Der Präses der rheinischen Landeskirche, Manfred Rekowski, bezog dezidiert Stellung gegen Luthers Antisemitismus. In der Bibliothek der Kirchlichen Hochschule in Wuppertal war eine Ausstellung zu Luther und den Juden zu sehen und die beiden antisemitischen Werke aus Luthers

Spätwerk wurden neu und kommentiert herausgegeben. Während Luther zu Beginn seiner Bewegung noch davon ausging, dass die Juden sich im Zuge der Reformation zu Christus bekehren ließen, wurde er vor allem gegen Ende seines Lebens in seinen Äußerungen immer antisemitischer. Grund dafür war zum einen seine Frau Katharina von Bora, die eine überzeugte Antisemitin war, zum anderen eben die Tatsache, dass auch die reformatorischen Ideen, die Juden nicht davon überzeugen konnten, Christen zu werden. Vor allem dieser letzte Aspekt war Dreh- und Angelpunkt von Luthers Antisemitismus. Denn auch später hatte er gegen Juden, die sich taufen ließen, nichts. Das heißt, ihm war ein rassistischer Antisemitismus, wie er später durch die Nazis gestärkt wurde, fremd.

Der bereits erwähnte Christian Geulen will erste Anzeichen für einen solchen Antisemitismus im Spanien der Frühen Neuzeit entdeckt haben. Zum Beweis führt er die Tatsache an, dass gegen die zwangsweise zum Christentum bekehrten Juden brutal und unerbittlich vorgegangen wurde, um ein christliches Spanien zu etablieren, nachdem die Muslime vertrieben worden waren. Es stellt sich aber die Frage, ob es sich hierbei tatsächlich um einen rassischen bzw. rassistischen Antisemitismus handelt, oder um einen klassischen Antisemitismus, weil man den so missionierten Juden nicht traute und sie so als fremdes Element wahrnahm. Ich tendiere dazu letzteres anzunehmen. Es scheint erneut die fehlende bzw. die nur gespielte Assimilation zu sein, die hier ausschlaggebend war.

Mit dem Beginn der Expeditionen der Europäer nach Afrika, Asien und Amerika bekam das vorher nur vorstellbare Fremde des Mittelalters plötzlich ein ganz reales Gesicht. Die Gewalt der Konquistadoren gegenüber der amerikanischen Bevölkerung ist eine Fortschreibung der Gewalt gegen die als fremd empfundenen Juden und Moslems in Spanien. Es handelt sich dabei um eine Fortsetzung der mittelalterlichen Xenophobie in Verbindung mit antiken Vorstellungen der Fremde, was sich etwa an einer Bezeichnung wie Amazonas zeigt, der nach dem griechischen Sagenvolk der Amazonen benannt ist. Keinesfalls ist aber davon auszugehen, das die amerikanischen Völker der Maya, Inka oder Azteken als minderwertig angesehen wurden. Die Taktik eines Cortez, des Eroberers des Aztekenreichs, bestand darin, sich mit einheimischen Fürsten gegen die Herrschaft der Azteken zu verbünden. Auch die Tatsache, das bereits die zweite Generation der Indios, die nach der spanischen Eroberung geboren wurden, hohe Ämter in der Kolonialverwaltung innehatte, nachdem sie die Sprache und Kultur Spaniens erlernt hatte, spricht für die Vorstellung der Assimilation.

Auch die Portugiesen eroberten ein Weltreich, das vor allem Afrika mit einschloss. Der sich daraus entwickelnde Sklavenhandel war im hohen Maße ein Produkt der Zusammenarbeit zwischen den Portugiesen und afrikanischen Oberhäuptern und Völkern, die sich viel Profit davon versprachen. Hinzu kam, dass die katholische Kirche sehr an der Mission der fremden Völker interessiert war, was im Sinne des oben erwähnten mittelalterlichen Anspruchs eine Egalisierung der Fremden mit den Europäern bedeutete. Im Jahre 1516 schrieb so der portugiesische Missionar Duarte Pires nach Portugal, dass

> „der König [des westafrikanischen Reiches Benin] seinem Sohn und ein paar anderen Adeligen seines Königreichs [erlaubte], Christen zu werden. [...] Sie wurden umgehend getauft. Jetzt wird ihnen das Lesen bei gebracht und Ihre Königliche Majestät wird wissen wollen, dass sie sehr gut lernen."

Die Assimilation des Fremden in das Eigene wurde zur Triebfeder. Von einem Rassismus unüberwindbarer natürlicher Unterschiede kann hier nicht die Rede sein.

So kam es, dass in der frühen Neuzeit etwa 10% der Bevölkerung Portugals afrikanische Wurzeln hatten, wenn auch im Laufe des 17. Jahrhunderts dieser Anteil der Bevölkerung vor allem durch Sklavenhaltung erreicht worden war. So perfide dies auch klingen mag, war man der Überzeugung, dass durch die Sklavenhaltung eine Assimilation der Afrikaner an die als zivilisierter geltenden Europäer möglich wäre. Einzelne Beispiele dafür gibt es durchaus. Unter den Tudors war es in England möglich, dass Schwarze ohne Probleme etwa Ämter bei Hofe ausüben konnten. So schaffte es John Blanke zum Trompeter Ihrer Majestät Elisabeth I.

Neben den Portugiesen und Engländern beteiligten sich ab dem

17. Jahrhundert auch die Niederländer am Sklavenhandel. So war es möglich, dass in Deutschland Schwarze als sogenannte Hofmohren ihren Dienst taten. Für die Essener Fürstäbtissin Franziska Christine von Pfalz-Sulzbach arbeitete Ignatius Fortuna, dessen Wurzeln im Surinam lagen, einem der Länder Lateinamerikas in das zahlreiche afrikanische Sklaven verschifft worden waren. Ignatius Fortuna war nach dem Tod der Fürstäbtissin ein wohlhabender Mann, der zahlreichen Menschen Geld lieh oder schenkte.

Aus dem niederländischen Sklavenhandel stammte auch ein Junge aus Ghana, der wohl um das Jahr 1703 geboren und mit vier oder fünf Jahren dem Regenten von Wolfenbüttel geschenkt wurde. 1707 wurde er auf den Namen Anton Wilhelm Amo getauft. Er erhielt eine ausgezeichnete Bildung, so dass es ihm möglich war, 1727 in Halle mit dem Studium der Philosophie zu beginnen. Während dieser Zeit hielt er ein Referat, in dem er sich mit dem rechtlichen Status der Schwarzen in Europa beschäftigte. Drei Jahre später erhielt er seinen Magisterabschluss, 1734 promovierte er in Philosophie und war ab dann als Dozent in Halle und Jena tätig. Vor 1752 kehrte er nach Ghana zurück. Ein letzter Hinweis auf ihn stammt aus dem Jahr 1782. Man kann also sagen, dass Amo als gut assimiliert angesehen werden kann. Gerade aber an seinem Beispiel zeigt sich deutlich der Umschwung der im 18. Jahrhundert stattfand, denn seine Flucht zurück nach Afrika war unter anderem bedingt durch ein Spottgedicht aus der Feder von Johann Ernst Philippi, dass dieser 1747 veröffentlichte. Der Inhalt des Gedichts ist sehr aufschlussreich. Amo hatte sich um die Hand einer jungen Frau bemüht, war aber von dieser abgewiesen worden. Philippi hatte dies mitbekommen und nahm es zum Anlass, in seiner satirischen „Akademischen Schaubühne“ den Antrag Amos und die Antwort der abweisenden Dame zu persiflieren. Die Worte, die er in dem letzten Schreiben fand, sprechen Bände darüber, dass die Assimilation keine Möglichkeit mehr bot, als Bestandteil der Mehrheitskultur wahrgenommen zu werden. So reimte Philippi unter anderem: „... weil mich der schönste Mohr zur Liebe nicht bewegt; // Im Mohrenlande kan dein Stern ohn Untergehen Dir noch vielleicht entstehen...“. Noch deutlicher wird er im späteren Verlauf des Briefes: „… Bey Europäern würst Du schwerlich glücklich seyn...“, „… Den teutschen Jungfern ist ein Mohr was unbekanntes...“, „… Nur eine Mohrin ist blos deines Herzens werth...“ und schließlich „… weil meine Seele doch nie Mohren lieben kann.“ Sicherlich waren diese Beschimpfungen nicht die einzige Ursache dafür, warum Amo zurück nach Ghana ging. Unter anderem fehlte ihm nach dem Tod des Herzogs von Wolffenbüttel auch finanzielle und andere Unterstützung. Doch mit dazu beigetragen haben sie auch.

3. Rassistische Aufklärer?

Was war im 18. Jahrhundert passiert, dass auch der Assimilierte plötzlich noch immer als Fremder galt? Der Grund dafür lag im bereits erwähnten Aspekt der Sklaverei. Während diese bis ins 18. Jahrhundert hinein als Mittel galt, Afrikaner zu assimilieren, stellte sich dann ein Problem heraus. Wenn eine solche Assimilation glückte und ein Afrikaner die christliche Religion annahm, wie konnte er dann noch als Sklave gehalten werden? In Einzelfällen war so etwas durchaus möglich, doch die Sklaverei entwickelte sich im 18. Jahrhundert zu einem äußert lukrativen Geschäft. Noch 1867 stellte Karl Marx fest:

> "Die direkte Sklaverei ist der Angelpunkt der bürgerlichen Industrie, ebenso wie die Maschinen etc. Ohne Sklaverei keine Baumwolle; ohne Baumwolle keine moderne Industrie. Nur die Sklaverei hatte den Kolonien ihren Wert gegeben; die Kolonien haben den Welthandel geschaffen; und der Welthandel ist die Bedingung der Großindustrie. So ist die Sklaverei eine ökonomische Kategorie von der höchsten Wichtigkeit."

Die Aussage von Karl Marx mag übertrieben sein, ist aber sicherlich nicht von der Hand zu weisen. Vor dem Eingriff der Europäer in den afrikanischen Sklavenhandel, den es auch schon vor dem 16. Jahrhundert gab, waren Sklaven in Afrika vor allem Kriegsgefangene, die aber die Möglichkeit hatten sich frei zu kaufen, Freie zu heiraten, oder auch aktiv zu werden, um den Besitzer zu wechseln. Oftmals gehörten sie im übertragenen wie im eigentlichen Sinne zur Familie ihres Besitzers. Allerdings gab es im Bereich des Niger und des Königreichs Kongo auch eine andere Art der Sklavenhaltung, die sich einzig darauf stützte, einen Menschen gekauft zu haben und so mit ihm machen zu können, was man wollte. Beide Arten von Sklaven waren es auch, die zunächst an die Europäer verkauft worden. Durch die Plantagenwirtschaft in der Karibik und in Südamerika stieg aber der Bedarf an Arbeitskräften, dass auch die Zahl der Sklavenverkäufe anstieg.

Schaut man sich die Zahlen einmal genau an findet man zum einen eine Gewinnmöglichkeit von bis zu 800 Prozent und zum anderen relativ große Wachstumsraten. Dabei stieg der Export von Sklaven über den Atlantik mit der Zeit drastisch an. Waren es zwischen 1450 und 1600 rund 367.000 Sklaven, die nach Übersee gebracht wurden, hatte sich die Summe bereits im 17. Jahrhundert verfünffacht und war auf 1.868.000 gestiegen. Im 18. Jahrhundert steigerte sich das Transportvolumen der Sklaven noch einmal um mehr das Dreifache auf 6.133.000 Menschen. Erst die Abschaffung des Sklavenhandels im 19. Jahrhundert reduzierte den Transport wieder auf 3.301.000 Menschen. Transportiert wurden etwa zu zwei Drittel junge Männer, von denen achtzig Prozent in den Amerikas ankamen. Die Wachstumsraten hatten vor allem mit dem Fall des Monopols zu tun. Portugal war nicht mehr die einzige europäische Macht, die ab dem 17. Jahrhundert mit Sklaven Handel trieb.

Zunehmend traten auch Holland, Frankreich, Großbritannien und im geringeren Rahmen auch Preußen beim Sklavenhandel in Erscheinung. Ab dem 18. Jahrhundert aber war England mit 41,3 Prozent des Sklavenhandels führend.

Für die wirtschaftliche Entwicklung Europas und damit seines aufstrebenden Bürgertums war die Sklaverei wichtig. Bis in die europäische Provinz hinein wurden vor allem das Produkt, das von den Sklaven in den Südstaaten Nordamerikas gepflanzt und geerntet wurde, genutzt. In Schlesien und im Bergischen Land führte die Baumwolle zu Produktionssteigerungen und damit einhergehend auch zum Bruch mit traditionellen Handwerks- und Handelssystemen. Von dieser Entwicklung profitierten alle Europäer direkt oder indirekt.

Das gilt gerade auch für Philosophen. Der Staatstheoretiker John Locke etwa, auf den sich sowohl die Briten als auch die Amerikaner berufen, war davon überzeugt, dass alle Menschen frei und gleich seien. Dennoch war er Investor und Verwalter von Sklavenplantagen in den Carolinas. Für die Verfassung des Staats Carolina schrieb er 1669 zusammen mit Lord Shaftsbury die Verfassung, in der es heißt: „Jeder freie Bürger der Carolinas hat absolute Macht und Autorität über seine Negro-Sklaven.“

Den ideellen Hintergrund für solche eigentlich nicht zu vereinbarenden Annahmen lieferte die aufkommende Naturwissenschaft.

Die wissenschaftliche Revolution hatte belegt, dass die Natur nach immer gültigen Regeln verlief. Diese Regeln konnten dargestellt und systematisiert werden. Einer der Aufklärer, der eine besondere Systematik in die Natur bringen wollte war der schwedische Naturforscher Carl von Linné, der in den 1730er Jahren seine *Systema Naturae* veröffentlichte. Bereits in der ersten Ausgabe tat er etwas Ungeheuerliches, als er den Menschen in die Natursystematik einfügte. Darüber hinaus unterteilte er den Menschen selber in vier unterschiedliche Kategorien. Es ist nicht klar, ob diese Reihenfolge wertend gemeint ist. Allerdings ist es auffällig, dass Europäer oben und die Afrikaner ganz unten stehen.

Linnés Arbeiten wurden bahnbrechend. Pflanzen und Tiere wurden nun in ein genaues System gebracht, das allein auf ihrem Phaenotypen, also ihrem Aussehen, basierte. Damit im Zusammenhang stehend kamen in späteren Auflagen auch Charaktereigenschaften hinzu. Das führte dazu, dass auch die Menschheit nach ihrem Äußeren beschrieben und unterteilt wurde. So kann es nicht verwundern, wenn unter dem Stichwort *Neger* der Eintrag in der *Enciclopedié* von Didort in den 1760er Jahren zunächst das Äußerliche beschrieben wird.

> „Nicht nur ihre Farben unterscheiden sie, sondern sie unterscheiden sich von anderen Menschen in allen Gesichtszügen, flache, breite Nasen, große Lippen und Wolle statt Haare, scheinen eine neue Art von Menschen zu bilden. Wenn wir uns vom Äquator zum antarktischen

> Pol bewegen, wird das Schwarz klarer, aber die Hässlichkeit bleibt."

Und der Anthropologe Christoph Meiners formulierte 1786 dann dementsprechend, dass „nur der Kaukasische Völker-Stamm den Namen des Schönen verdient."

So erklärt sich dann, wie David Hume in der Fußnote eines Essays aus dem Jahre 1748 behaupten konnte,

> „dass der Neger von Natur aus dem Weißen unterlegen ist. Unter ihnen gab es wohl nie eine zivilisierte Nation höherer Komplexität oder auch nur ein Individuum, das in Handlung oder Nachdenken herausragend gewesen wäre. Es gibt bei ihnen weder geniale Erzeugnisse, noch Kunst oder Wissenschaft. [...] Es gibt Negersklaven zerstreut in ganz Europa, von denen keiner jemals irgendwelche Anzeichen von Genialität gezeigt hat, obwohl andere niedere Menschen, ohne Bildung, zu uns aufgestiegen sind und sich in jeder Profession auszeichnen. In Jamaika aber erzählt man sich von einem Neger, der teilweise lernen kann, aber er wird für geringe Leistung gelobt, wie ein Papagei, der ein paar Worte fehlerfrei aufsagt."

Vor allem mit der letzten Aussage macht sich David Hume zum Verräter an seiner eigenen Philosophie. Als Empiriker hätte der Schwarze aus Jamaika, bei dem es sich um Francis Williams handelte, der der Sohn freigelassener Sklaven war, in Cambridge studiert hatte und in Jamaica eine Schule betrieb, dazu führen müssen, dass Hume an seiner eigenen Überzeugung hätte zweifeln müssen.

Warum aber hätte er dies tun sollen? Er stand mit dieser Einschätzung des Entwicklungsstadiums der Schwarzen nicht alleine. Auch der Philosophieprofessor aus Königsberg, Immanuel Kant, behauptete in einer Vorlesung, dass, derjenige, der schwarz sei, auch dumm sein müsse. Dabei war das Thema dieser Vorlesung eigentlich ein anderes. Es ging um Frauen und ihre unterschiedliche Stellung in den Völkern der Welt:

> „In den Ländern der Schwarzen was kann man da Besseres erwarten, als was durchgängig daselbst angetroffen wird, nämlich das weibliche Geschlecht in der tiefsten Sklaverei? Ein Verzagter ist allemal ein strenger Herr über den Schwächeren, so wie auch bei uns derjenige Mann jederzeit ein Tyrann in der Küche ist, welcher außer seinem Hause sich kaum erkühnt jemanden unter die Augen zu treten. Der Pater Labat meldet zwar, daß ein Negerzimmermann, dem er das hochmüthige Verfahren gegen seine Weiber vorgeworfen, geantwortet habe: Ihr Weiße seid rechte Narren, denn zuerst räumet ihr euren Weibern so viel ein, und hernach klagt ihr, wenn sie euch den Kopf toll machen; es ist auch, als wenn hierin so etwas wäre, was vielleicht verdiente in Überlegung gezogen zu werden, allein kurzum, dieser Kerl war vom Kopf bis auf die Füße ganz schwarz, ein deutlicher Beweis, daß das, was er sagte, dumm war."

Das Interessante an Kants Aussage ist, dass die von dem schwarzen Zimmermann gemachte Aussage in ihrem Kern einen Gedanken wiedergibt, dann man dem griechischen Philosophen

Sokrates zuschreibt. Dieser soll behauptet haben, dass eine gleichgestellte Frau, den Männern überlegen sei. Wenn also Sokrates einen solchen Satz bringt, ist es weise. Kommt es von einem Schwarzen, dumm, weil es von einem Schwarzen kommt.

Besonders auffällig in Bezug auf die Frage des Rassismus benahm sich der Philosoph, der als Inbegriff der Aufklärung gilt, der Franzose Voltaire. Er bekannte sich 1755 zur folgenden Meinung, als er schrieb:

> "Die Rasse der Neger ist eine Art von Menschen, die sich von unsere unterscheidet [...] Wir können sagen, dass, ihre Intelligenz nicht nur ganz anders geartet ist als unsere, sondern sie ihr sehr unterlegen ist. Sie sind nicht fähig zur Achtsamkeit, sie denken wenig nach, und scheinen weder für die Vorteile noch gegen die Missbräuche unserer Philosophie zu sein“.

Ganz uneigennützig war dieser Standpunkt nicht. Voltaire gehörte, ähnlich wie John Locke, zu jenen Philosophen, die von der Sklaverei ganz persönlich profitierten. Als Investor der Compagnie des Indes war er sich voll bewusst, dass er Geld einnahm, das auf dem Rücken der Sklaven verdient wurde. Damit konfrontiert, ließ er 1756 verlauten, dass

> „ein Volk, dass seine eigenen Kinder verkauft, noch verdammenswerter ist, als der Käufer. Dieser Handel zeigt auch unsere Überlegenheit; derjenige der einen Meister akzeptiert, wurde geboren, ihn zu haben".

Wie scheinheilig dieses Argument war, machte der schottische Moral- und Wirtschaftsphilosoph Adam Smith deutlich. Ihm war aufgefallen, das außerhalb Europas andere Bedingungen herrschten. Allerdings ging er nicht soweit, diese Bedingungen als naturgegeben anzunehmen. Er beschränkte sich darauf, die Unterschiede zu beschreiben und auf wirtschaftliche Bedingungen zurückzuführen:

> „Solche Nationen sind jedoch so kläglich arm, dass sie aus bloßer Not oft dazu gezwungen werden, ihre Kinder, ihre alten Leute und diejenigen, die von anhaltenden Krankheiten geplagt sind, manchmal direkt zu töten und manchmal aufzugeben, so dass sie vor Hunger umkommen oder von wilden Tieren verschlungen werden. Unter den zivilisierten und blühenden Nationen ist im Gegenteil das [...] Erzeugnis der ganzen Arbeit der Gesellschaft so groß, dass alle oft reichlich versorgt werden, und ein Arbeiter, selbst der niedrigsten und ärmsten Ordnung, wenn er sparsam und fleißig ist, einen größeren Anteil am Notwendigen und den Annehmlichkeiten des Lebens genießen kann, als es für jeden Wilden möglich ist.“

Auch die Idee der Assimilation war nicht ganz verschwunden. Der Verfasser der amerikanischen Unabhängigkeitserklärung und dritte Präsident der Vereinigten Staaten, Thomas Jefferson, vertrat eine These, in der sowohl die Assimilation als auch die naturgegebenen Unterschiede Berücksichtigung fanden. So schrieb er über den in Amerika lebenden Schwarzen.

> „Seine Vorstellungskraft ist wild und fantastisch und unterwirft sich niemals Vernunft und gutem Geschmack.

> Die Gedanken, die er ausdrückt, sind so inkohärent und unberechenbar wie die Flugbahn eines Meteoriten. [...] Er mag unter den Menschen seine Hautfarbe an erster Stelle stehen. Aber im Vergleich zu der Rasse, in deren Gesellschaft er lebt, vor allem zu deren gebildeten Kreisen, steht er ganz unten. [...] Es ist allgemein anerkannt, dass die körperlichen und geistigen Fähigkeiten schwarzer Menschen unmittelbar eine höhere Stufe erreichen, wenn sich ihr Erbe mit dem weißer Menschen vermischt. Das beweist, dass ihre Minderwertigkeit nicht nur das Resultat ihrer Lebensumstände ist. [...] Nicht die Lebensumstände sondern die Natur hat diese Unterschiede geschaffen, ungeachtet dessen, ob sich die Vermutung bewahrheitet oder nicht, das schwarze Menschen von Natur aus mit kleineren Gehirnen ausgestattet sind."

Das Erreichen einer höheren Stufe schwarzer Menschen durch Vermischung mit weißen Menschen übte Jefferson ganz praktisch aus, als er mit seiner Sklavin Sally Hemings nach dem Tod seiner Frau sechs Kinder zeugte, die allesamt als Sklaven auf seinem Landgut Monticello arbeiteten und diese zu Handwerkern ausgebildet wurden. Erst nach seinem Tod wurden Sally und ihre Kinder in die Freiheit entlassen.

Aber auch weiterhin vollkommen überzeugte Anhänger der Theorie der Assimilation gab es weiterhin, wie am Beispiel von Samuel Stanhope Smith deutlich wird, der Rektor der Universität Princeton war:

> „Es gibt einen Grund, daran zu glauben, dass, wären

> diese Sklaven, vollkommen frei und hätten Zugang zu all den Privilegien ihrer Herren, sie in recht kurzer Zeit nur noch wenige der Merkmale ihrer afrikanischen Vorfahren mit Ausnahme ihrer Hautfarbe an sich hätten. In New Jersey, in dem das Laster der Sklaverei kaum spürbar ist, kann man eine große Zahl Neger sehen, deren Nase genauso weit vom Gesicht entfernt, deren Stirn genauso gut gebogen und deren Zähne senkrecht in ihren Kiefern stecken wie bei den Weißen. Einige der Neger, die ich täglich in Princton und seiner Nachbarschaft sehe, haben Nasen mit gut aussehenden gebogenen Wölbung.“

Mit der Systematisierung der Welt, begegnete der Europäer auch einem Tier, dass sie bisher selten gesehen hatten oder nur aus Geschichten kannte. Der Affe mit seiner platten Nase und seinem dunklen Gesicht war für die Systematiker vielen Afrikanern näher als dem Europäer. Aber bereits dem Weltreisenden Georg Forster war 1786 aufgefallen, dass dies nicht sein konnte. So stellte er klar fest:

> "Der affenähnlichste Neger ist dem weissen Menschen so nahe verwandt, daß bey der Vermischung beyder Stämme, die auszeichnenden Eigenschaften eines jeden sich im Blendling in einander verweben und verschmelzen. Die Abweichung ist sehr gering; die beyden Menschen, der schwarze und der weisse, stehen ganz nahe neben einander; und anders konnte es nicht wohl seyn, wenn Menschheit nicht in Affennatur übergehen, der Neger nicht, anstatt ein Mensch zu bleiben, ein Affe werden sollte. Denn auch die beyden Thiergeschlechter, (genera) der Mensch und der Affe, gränzen in der Reihe der Erdenwesen unglaublich nahe aneinander; näher als viele andere Thiergeschlechter

miteinander verwandt sind."

Gegen Ende des 18. Jahrhunderts gewann die Idee der Assimilation wieder die Oberhand. Noch immer galten Schwarze zwar als minderwertig, aber mit der Zeit waren sie zu Assimilation fähig. Die Natur als Bedingung, gerade auch etwa die Gleichstellung von Schwarzen und Affen, war widerlegt. So konnte Georg Wilhelm Friedrich Hegel in seinen Vorlesungen zur Weltgeschichte, die er von 1822 bis 1831 hielt, festhalten:

> "Bei den Negern ist nämlich das Charakteristische gerade, daß ihr Bewußtsein noch nicht zur Anschauung irgendeiner festen Objektivität gekommen ist, wie zum Beispiel Gott, Gesetz, bei welcher der Mensch mit seinem Willen wäre und darin die Anschauung seines Wesens hätte. Zu dieser Unterscheidung seiner als des Einzelnen und seiner wesentlichen Allgemeinheit ist der Afrikaner in seiner unterschiedslosen, gedrungenen Einheit noch nicht gekommen, wodurch das Wissen von einem absoluten Wesen, das ein andres, höheres gegen das Selbst wäre, ganz fehlt. Der Neger stellt, wie schon gesagt worden ist, den natürlichen Menschen in seiner ganzen Wildheit und Unbändigkeit dar: von aller Ehrfurcht und Sittlichkeit, von dem, was Gefühl heißt, muß man abstrahieren, wenn man ihn richtig auffassen will; es ist nichts an das Menschliche Anklingende in diesem Charakter zu finden."

So lässt sich also festhalten, dass im 18. Jahrhundert zwei unterschiedliche Denkpositionen im Bezug auf die Rassen existierten. Zum einen ist es die seit Jahrtausenden existierende Idee der Assimilation, zum anderen die Idee der Segregation, die im 18. Jahrhundert bedingt durch die wirtschaftliche Bedeutung der Sklaverei und den wissenschaftlichen Überbau erstmals auftaucht.

Diese Modelle werden im 19. Jahrhundert weiter ausformuliert und durch die Evolutionstheorie Charles Darwin, die auch auf Gesellschaften angewandt wurde, weiter verschärft. Dabei wurde durch den missdeuteten Ausdruck des Überlebens des Stärkeren davon ausgegangen, dass die Schwarzen auf keinen Fall dem Weißen gleichgestellt werden dürften, da es sonst dazu kommen könne, dass die Schwarzen den Weißen überlegen werden. Dieses Gedankenbild eines Rassenkampfes fand seinen Höhepunkt in den Jim-Crow-Gesetzen des amerikanischen Südens, die schließlich die Rassengesetze der Nazis beeinflussten.

Von wegen geschichtslos
Afrikanische Geschichte vor der europäischen Kolonisierung

1. Einleitung: Begriffsklärung nach Hegel

Zu Beginn dieses Essays sollen drei Fragen geklärt werden, die den ersten Teil des Textes leiten: Erstens: Was ist Afrika? Zweitens: Was sind Europäer? Und drittens: Seit wann gibt es Kolonien in Afrika? Beginnen wir mit der ersten Frage: Was ist Afrika?

Auf das Diktum des deutschen Philosophen Georg Wilhelm Friedrich Hegel geht die Vorstellung zurück, dass Afrika keine Geschichte habe. In seinen Vorlesungen über die Philosophie der Geschichte, die er ab den 1820er Jahren hielt, unterteilte er Afrika in drei Teile:

> "Afrika ist in drei Teile zu unterscheiden: der eine ist der südlich von der Wüste Sahara gelegene, das eigentliche Afrika, das uns fast ganz unbekannte Hochland mit schmalen Küstenstrecken am Meere; der andre ist der nördliche von der Wüste, sozusagen das europäische Afrika, ein Küstenland; der dritte ist das Stromgebiet des Nil, das einzige Talland von Afrika, das sich an Asien anschließt. [...]
> Der zweite Teil von Afrika ist das Stromgebiet des Nils, Ägypten, welches dazu bestimmt war, ein großer Mittelpunkt selbständiger Kultur zu werden, und daher ebenso isoliert und vereinzelt in Afrika dasteht, als Afrika selbst im Verhältnis zu den andern Weltteilen erscheint. – Der nördliche Teil von Afrika, der vorzugsweise der des Ufergebietes genannt werden kann, denn Ägypten ist häufig vom Mittelmeer in sich

> zurückgedrängt worden, liegt am Mittel- und Atlantischen Meer, ein herrlicher Erdstrich, auf dem einst Karthago lag, wo jetzt Marokko, Algier, Tunis und Tripolis sind. Diesen Teil sollte und mußte man zu Europa herüberziehen, wie dies die Franzosen jetzt eben glücklich versucht haben: er ist wie Vorderasien zu Europa hingewendet; hier haben wechselweise Karthager, Römer und Byzantiner, Muselmänner, Araber gehaust, und die Interessen Europas haben immer hinüberzugreifen gestrebt."

Wenn Hegel Afrika in diese drei Teile einteilt, dann blickt er ausschließlich mit einer europäischen Brille auf den afrikanischen Kontinent. Für Hegel kann Geschichte nur das sein, was sich tatsächlich vor europäischen Augen abspielt bzw. von Europäern erlebt und erfahren wurde. Dies scheint fast seine Version der klassischen Frage gewesen zu sein, ob ein Baum tatsächlich umgefallen sei, wenn niemand dies beobachtet habe. Der Baum ist die Geschichte Afrikas und so kann es keine Geschichte in Afrika gegeben haben, wenn sie von keinem Europäer beschrieben worden ist. Geschichte, die nicht niedergeschrieben wurde, ist für Hegel eine Geschichte, die es nicht gegeben hat. Hat Afrika denn keine Geschichte? Wenn Hegel damit Recht hätte, würden dieser Essay ausschließlich von jenem Afrika handeln, von dem wir eine niedergeschriebene Geschichte haben. Das wäre der ägyptische Teil und der arabische. Diese Teile aber soll nur dann Erwähnung finden, wenn er tatsächlich mit dem Teil, der südlich der Sahara liegt, in

Verbindung gekommen ist.

Die von Hegel vorgenommene Trennung ist zudem eine künstliche, denn niemand weiß genau zu sagen, wo das ägyptische Afrika endete oder wo das arabische Afrika begann. Tatsächlich ist ein Großteil dessen, über das Afrika jenseits der Sahara bekannt ist, in Quellen aus Ägypten und von arabischen Schriftstellern überliefert.

2. Von der afrikanischen Eva zu den Bantu

Mittlerweile sollte bekannt sein, das Afrika die Mutter der Menschheit ist. In Afrika finden sich die ältesten Spuren aller heute lebenden Menschen. Die Tatsache, dass in England Anfang 2018 eine Rekonstruktion des ältesten Briten für Aufsehen sorgte, weil diese Rekonstruktion wider Erwarten dunkelhäutig war und keine roten Haare hatte, zeigt jedoch, wie wenig dieser Ursprung im europäischen Bewusstsein verankert ist. Eine Ausstellung im Neanderthal Museum 2017 zeigte dies ganz deutlich. Dort war, wenn man sich die Mühe machte eines der museumspädagogischen Programme tatsächlich auch als Erwachsener zu nutzen, klar die Erkenntnis zu lesen: "Vor 7000 Jahren waren alle Menschen schwarz."

Ende der 1980er wurde durch genetische Studien klar, dass die biblische Legende einer Urmutter gar nicht so falsch ist. Ein Wissenschaftlerteam um die amerikanische Genetikerin Rebecca

Cann hatte zahlreiche DNA-Untersuchungen vorgenommen und konnte so feststellen dass alle Menschen eine einzige Urmutter haben, deren Heimat Ostafrika war. Damit war die Idee der afrikanischen bzw. der mitochondrialen Eva geboren.

Von solchen genetischen Untersuchungen abgesehen, sind es vor allem die paläontologischen Funde, die uns Afrika als Ursprungsort aller Menschen vermuten lassen. Dazu gehört die bekannte Lucy, ein fast vollständig erhaltenes Skelett eines *Australopithecus*, das zu einer Vormenschenform gehörte, die vor etwa drei Millionen Jahren in Ost- und Südafrika lebte. Aber auch die ältesten Fundorte des *Homo habilis,* eines Vormenschen, der vor zwei Millionen Jahren lebte, sind in Afrika zu finden. Seinen Namen verdankt dieser Vormensch der Tatsache, dass er in der Lage war, Holz zu bearbeiten, Fleisch zu schneiden oder Fell abzuschälen. Dazu benutzte er primitive Steinwerkzeuge. Eventuell war dieser Mensch bereits in der Lage mit Sprache zu kommunizieren. Auch ist es absolut möglich, das *Homo habilis* den afrikanischen Kontinent als erster verlassen hat. Diesen Weg schlugen auch seine Nachfolger, der *Homo ergaster* und der *Homo erectus*, ein.

Vor etwas mehr als 400.000 Jahren setzte dann die Entwicklung des *Homo sapiens* ebenfalls in Afrika ein. Auch dieser moderne Mensch machte sich auf den Weg, Afrika zu verlassen. In Europa kam es mit großer Wahrscheinlichkeit zu Vermischungen des *Homo sapiens* mit dem *Homo sapiens neanderthalensis*, was sich heute noch in der genetischen Struktur der Europäer widerspiegelt. Etwa drei Prozent der europäischen DNA stammen vom Neandertaler. Hundertprozentige denkende Menschen, was *homo sapiens* auf deutsch bedeutet, finden sich nur in Afrika.

Wie genau diese denkenden Menschen lebten, können wir nicht sagen. Archäologische Funde weisen aber darauf hin, dass sie Ihre Möglichkeiten nutzen, um Verbesserungen ihres Lebens einzuleiten. Dazu gehört etwa die Entwicklung von Pfeil und Bogen, wie Funde aus Kenia belegen, die etwa 50.000 Jahre alt sind. Zudem machte sich der Mensch den gesamten afrikanischen Kontinent Untertan und besiedelte jede Region inklusive der Sahara. Neben Werkzeugen entwickelte sich auch ein kulturelles und religiöses Leben, wie zahlreiche Wandmalereien und gefundene Schmuckstücke zeigen, wie sie etwa im Süden Namibias gefunden wurden. Diese Funde sind mehr als 26.000 Jahre alt.

Durch eine globale Klimaänderung, die zur Abkühlung Afrikas führte, konnte sich die Sahara weiter ausbreiten und die Regenwälder schrumpften. Auch auf das Leben der Menschen in Afrika hatte dies eine gravierende Auswirkung. Es entwickelten sich im Prinzip zwei Gesellschaftsmodelle. Zum einen wurde das nomadische Modell verfestigt und mit gesellschaftlichen Regeln ausgebaut. So zeigen etwa 2300 Jahre alte Funde aus Sambia das Leben von Wildbeutern, die auch Pflanzen sammelten. Eine Gruppe von Wildbeutern umfasste mindestens 20 bis 50 Personen, aber zu bestimmten Zeiten, etwa der Regenzeit, auch bis zu 300 Personen. Die andere gesellschaftliche Lebensform war die feste Siedlung, deren Spuren wir südlich des Albertsees im heutigen Ostkongo finden können. Hierbei handelt es sich um Fischfang-Gesellschaften, die mit ausgeklügelten Fangmethoden zu Nahrung kamen. In solchen Siedlungen lebten zwischen 100 und 1000 Menschen. Während Entscheidungen in den Nomadengruppen von allen getroffen wurden, etablierte sich in den Dorfgemeinschaften eine Hierarchie von mehreren Gruppen. Aus diesen Gruppen heraus entwickelte sich auch die Landwirtschaft, wie sich an den Knochen von Haustieren zeigt. Trotz solcher Voraussetzungen zeigt sich die Etablierung eines Staatswesens vor allem im Norden Afrikas, wie die bekannten Beispiele Ägypten und Nubien zeigen.

Es wäre allerdings falsch, eine progressive Entwicklung Afrikas nur anhand der Staatlichkeit festzumachen. Auch ohne ein solches gesellschaftliches Gebilde, entwickelten sich die Völker Afrikas. Ein deutliches Zeichen für diese Entwicklung sind die berühmten Wanderungen der sogenannten Bantu-Stämme. Diese Wanderung vollzog sich im Prinzip in zwei großen Stadien. Ihren Ursprung hatte diese Wanderungsbewegung im senegalesischen Hochland. Von dort aus zogen vor etwa 5000 Jahren zwei Gruppen los. Die eine wanderte die Küste entlang, die zweite Gruppe wanderte in den Bereich der großen Seen im Ostkongo. Veränderte Umweltbedingungen führten dazu, dass die Gruppen weiter wanderten. Vor

3000 Jahren entstand so die zweite Wanderungsbewegung der Bantu-Völker. Die Küsten-Bantu wanderten sowohl nach Norden als auch nach Süden, aber eben entlang der Küste. Ihr Einflussbereich war daher sehr klein. Wesentlich größer war die Wanderungsbewegung der Bantu an den großen Seen. Diese Gruppe machte sich zur selben Zeit auf und besiedelte große Teile Ost- und Südafrikas. In beiden Fällen brachten die Bantu neben ihrer Sprache auch neue Techniken, etwa die Zucht und Verarbeitung der Yamswurzel und die Metallverarbeitung mit. Aber auch die typischen Trommeln, die bis heute als das Musikinstrument Afrikas gelten, gehen auf die Bantu-Völker zurück. Obwohl diese Wanderungen sich sehr langsam und sehr friedlich abspielten, führten sie dennoch zu Wanderungen anderer Völker, die sich durch die vordringenden Bantu verdrängt sahen. Dazu zählen etwa einige Völker Südafrikas, die ab dem 4. Jahrhundert nach Christus mit den Bantu-Völkern bekannt wurden und sich in andere Regionen, etwas in das heutige Namibia, zurückzogen.

Die fortschrittliche kulturelle Entwicklung der Bantu sorgte nicht nur für eine Übernahme ihrer Sprache, sondern auch für die Einführung autoritärer Gesellschaftsmodelle, an deren Spitze ein sogenannter *Big Man* stand. Auch der Ahnenkult scheint, nach allem, was wir wissen, auf die Bantu zurückzugehen und ist sprachlich und kulturell mit der Idee des autoritären Gesellschaftsmodells verbunden.

3. Das Afrika der europäischen Antike

Mit der zweiten Bantu Wanderungsbewegung im ersten vorchristlichen Jahrtausend erreichen wir einen Zeitpunkt, zu dem in Afrika bereits die Schriftlichkeit etabliert war. Die Rede ist natürlich von Ägypten. Hier gilt es nun die zweite Leitfrage zu klären: Was sind Europäer?

Der afrikanische Kulturtheoretiker Achille Mbembe beschreibt in seinem Buch *Kritik der schwarzen Vernunft* ein sehr europäisches Bild von Afrika. Er sagt:

> "*Afrika* und *Neger* – diese beiden Begriffe stehen in einem Verhältnis gemeinsamer Hervorbringung. Wer von dem einen spricht, denkt unausweichlich auch an den anderen. Der eine verleiht dem anderen die ihm zugewiesene Bedeutung. Nicht alle Afrikaner sind Neger. Aber wenn Afrika einen Körper hat, wenn es ein Körper ist, wenn es ein *Es* ist, dann verleiht ihm der Neger diesen Körper - ganz gleich, wo auf der Welt er sich befinden mag. Und wenn *Neger* ein Beiname ist, wenn er *das* ist, so wegen Afrika. Beide, dieses *es* und dieses *das*, verweisen auf den denkbar reinsten und radikalsten Unterschied und auf das Gesetz der Absonderung. Beide vermischen sich miteinander, lastet mit deinem ganzen klebrigen Gewicht auf dem anderen, gleich Schatten und Materie. Beide sind das Ergebnis eines langen geschichtlichen Prozesses der Fabrikation des Rassensubjekts."

Dreht man dieses Diktum um, dann erhält man für Europa das Bild des Weißen. Und so kann es nicht verwundern, dass für die europäische Geschichtsschreibung spätestens seit Napoleon Ägypten zu einem Zwischenschritt auf dem Weg hin zur europäischen Zivilisation wurde. Damit wurden die Ägypter weiß. Der senegalesische Historiker Cheikh Anta Diop war es, der dazu überging Ägypten als Teil des schwarzen Afrikas zu bezeichnen. Die Wahrheit liegt wie immer dazwischen. Als Region an der Grenze zwischen Asien, Afrika und Europa war auch die Bevölkerung Ägyptens gemischt. Über Ägypten zogen das Rind, das Pferd und das Kleinvieh nach Afrika ein. Vor allem beim Rind ist davon auszugehen, dass die in Ägypten und auch in Nubien betriebenen Tierkulte die besondere Bedeutung dieses Tieres in Ostafrika beeinflussten. Während man bei Ägypten tatsächlich von einer gemischten Gesellschaft ausgehen kann, die sich weder in schwarz noch weiß einteilen lässt, war das weiter südlich gelegenen Nubien, das sich etwa da befunden hat, wo heute Südägypten, Eritrea und Äthiopien liegen, im Sinne Mbembes als afrikanisch zu bezeichnen. Durch die dortigen Goldvorkommen existierten schon früh Verbindungen zum altägyptischen Reich. Neben Handel gab es wegen des Goldes auch kriegerische Auseinandersetzung zwischen Ägypten und Nubien. Vor allem das Land Kusch war hier das zu erobernde Ziel. Doch auch ohne erfolgreiche Eroberung wurde das Südland Teil von Ägypten. So wurden Götter, Bräuche und Schriftsysteme übernommen. Da auch Ägypten immer wieder Ziel von Angriffen anderer Staatssysteme des Nahen Ostens war, kann es nicht verwundern, wenn auch von Süden aus Eroberungszüge nach Ägypten unternommen wurden. Vom achten bis zum sechsten Jahrhundert wurde Ägypten durch schwarze Pharaonen regiert, die die 25. Dynastie bildeten.

Die ägyptischen Aufzeichnung sind es auch, die uns erstmals Einblicke in das Afrika jenseits der Sahara gewähren. Wie an anderer Stelle in diesem Band erwähnt, entsendete um das Jahr 2229 vor Christus die Administration des Kind Königs Pepi II. den ägyptischen Nubienreisenden Horchuf den Nil hinunter. Dieser findet dort die ersten Pygmäen vor, von denen der kindliche Pharao so begeistert ist, dass er Horchuf auffordert, ihm einen „diesen Zwerg" mitzubringen.

Neben Ägypten hat das weiße Europa auch noch zwei andere Ursprünge. Es ist einmal das Israel des Alten Testaments und es ist zweitens das Griechenland der klassischen Antike. Und vor allem mit dem zweiten, dem antiken Griechenland, kommen wir zur dritten Leitfrage dieses ersten Teils des Essays: Seit wann gibt es Kolonien in Afrika? Denn die griechische Kultur beschränkte sich nicht nur auf die Peloponnes oder auf Mazedonien, sondern sie war auch Teil dessen, was wir heute als Türkei bezeichnen, und auch in Nordafrika bauten die Griechen Kolonien auf. Die bekannteste dieser Kolonien dürfte Alexandria gewesen sein, bei der es sich aber um eine sehr späte Gründung handelt. Vor allem an der Nordwestküste Ägyptens breiteten sich die Griechen aus. Apollonia oder Kyrene sind nur zwei der Städte, die die Griechen dort gründeten. Am Ufer des Nils kam noch Naukratis hinzu.

Bedeutender für die Geschichte Afrikas sind die Gründungen der Phönizier. Die punischen Kriege des römischen Reiches gegen Karthago und seine Nachbarregionen gehören heute zum Bildungskanon des Abendlandes. Wie afrikanisch diese Kolonien tatsächlich waren, zeigt sich an der Figur des Hannibal, der mit Elefanten 216 vor Christus über die Alpen zog und Rom in arge Bedrängnis brachte. Überhaupt spielten Karthago und die Phönizier für die Geschichtsschreibung Afrikas eine nicht ganz unbedeutende Rolle. So soll es um das Jahr 600 herum im Auftrag des ägyptischen Pharaos Necho einigen phönizischen Seeleuten gelungen sein, den gesamten afrikanischen Kontinent zu umrunden. Für diese Reise benötigen die Seeleute zwei bis drei Jahre. Eine Rekonstruktion der Reise lässt diese im Norden des Roten Meeres Ende November beginnen. Ende Mai erreichte die Expedition das Kap der guten Hoffnung in Südafrika, wo die Mannschaften überwinterten, bevor sie Anfang Dezember erneut in See stachen, um schließlich gegen Ende November in Marokko zu landen. Während dieser Bericht einzig auf einer kurzen Erwähnung bei Herodot beruht, ist ein weiterer Versuch von Nordafrika aus über See ins südliche Afrika vorzudringen durch die Phönizier überliefert. In der Mitte des fünften vorchristlichen Jahrhunderts probierte der phönizische Admiral Hanno die Gründung einer neuen Kolonie an der Küste von Guinea und schrieb darüber einen überlieferten Bericht.

4. Begriffsbestimmung vor dem Hintergrund der alten Geschichte

Damit ist der Teil dieses Essays, der vor allem die Zeit vor Christi Geburt beschreibt, abgeschloßen. Bis hierhin konnte gezeigt werden, dass die Vermutung Hegels, Afrika sei in drei Teile zu teilen, für eine tatsächliche Geschichte dieses Kontinents nicht möglich ist. Zu eng sind die Verbindungen zwischen Ägypten, Nordafrika und dem Afrika jenseits der Sahara. Die Frage, was Afrika sei, lässt sich somit eindeutig klären. Afrika ist alles, was sich westlich des Sinai befindet. Aber selbst diese Abgrenzung ist eine künstliche, denn der Sinai ist keine Grenze, sondern eine Passage, die über Ägypten Afrika mit dem Rest der alten Welt verbunden hat. Eine Geschichte Afrikas zu erzählen, die sich mit der Zeit vor den Europäern beschäftigt, ist daher schlichtweg unmöglich. Zumal wenn man bedenkt, dass die zweite Frage, was denn Europäer seien, schon dadurch beantwortet wird, dass die Europäer wie selbstverständlich Ägypten als Teil ihrer Kultur ansehen. Vollkommen absurd, wird es, wenn man probiert, die Frage, seit wann es Kolonien in Afrika gibt, zu beantworten. Die Gründungen von phönizischen und griechischen Kolonien in Afrika spielten sich allesamt im ersten Jahrtausend vor Christus ab. Ein vorkoloniales Afrika kann es daher nur bis dahin gegeben haben. Die – im Sinne Hegels – eigentliche afrikanische Geschichte jedoch, also jene, die wir in schriftlicher Form vorliegen haben, beginnt erst mit dem Vordringen anderer Völker nach Afrika.

Wenn also in diesem Vortrag davon die Rede ist, das es um das vorkoloniale Afrika gehen soll, dann ist damit vor allem gemeint, dass man sich das Afrika vor dem 19. Jahrhundert anschauen sollte. Ab 1820 beginnen die Franzosen mit der Eroberung Algeriens, und in Südafrika beginnen die Kämpfe zwischen europäischen Siedlern und afrikanischen Völkern, die schließlich zugunsten der Europäer entschieden werden. Bis zu diesem Zeitpunkt ist Afrika ein eigenständiges Gebiet, in dem unabhängige Völker und Gesellschaftssysteme existieren, die allerdings mit europäischen und arabischen Händlern und anderen Abgesandten dieser Kulturen zusammenarbeiten bzw. zusammenarbeiten müssen. Für den gesamten Kontinent Afrika ist schließlich die Berliner Kongo-Konferenz der Jahre 1884/85 ein einschneidendes Ereignis, da danach der gesamte Kontinent zwischen den Europäern aufgeteilt wird. Zwar waren zu diesem Zeitpunkt bereits viele Europäer auf afrikanischem Boden unterwegs gewesen, doch hatten europäische Politik- und Kulturkonzepte noch keinen Einfluss auf das Gros der afrikanischen Völker gehabt.

Das gilt auch für den atlantischen Sklavenhandel, der eine traurige Tradition afrikanischer Wirtschaftsgeschichte fortsetzte und global erweiterte. Dennoch hatte das Fehlen dieser Menschen in Afrika Auswirkungen auf das Leben dort. Daher soll in diesem Essay tatsächlich die Zeit im Fokus stehen, in der die Europäer noch keine Idee davon hatten, in Afrika Kolonien oder auch nur Handelsstützpunkte zu gründen. Kurz: es wird um die Zeit gehen, die man in

Europa als Mittelalter bezeichnet. In Afrika gibt es für diesen Zeitraum keinen zusammenhängenden Begriff.

5. Der monotheistische Glauben in Nordafrika und Äthiopien

Während die Bantu-Völker in den Süden Afrikas vordrangen und zeitgleich im Gebiet des Kongobeckens die Kochbanane eingeführt wurde, etablierte sich im Norden Afrikas das Christentum. Erste Spuren der christlichen Religion lassen sich der Legende zufolge bereits im Jahr 61 nach Christus in Alexandria finden, wo der heilige Markus das Christentum eingeführt haben soll. Spätestens im Jahr 200 nach Christus hatte Alexandria einen Bischof und wenig später mit Origenes auch einen ersten großen bedeutenden geistlichen Theologen. Schon im Jahr 325 sind in Ägypten 51 Bistümer nachweisbar und die Bibel war ins Koptische übersetzt worden.

Neben gelehrten Diskussionen über den rechten Umgang mit Gott innerhalb der Theologie, gab es auch eine Volksfrömmigkeit unter den Ägyptern, die durch Eremiten wie den heiligen Antonius um das Jahr 300 gefördert wurde. Ursprung für die Verbreitung des Christentums innerhalb Ägypten waren jüdische Bewohner der Stadt Alexandria. Weiter westlich verbreitete sich das Christentum durch griechische und römische Missionare. In den zahlreichen Heiligenlegenden des frühen Mittelalters finden sich Hinweise auf christliche Märtyrer in Karthago etwa um das Jahr 180 nach Christus, die sich weigerten, dem Kaiser zu opfern. Dennoch verbreitete sich das Christentum auch im Maghreb relativ schnell, so dass bis zum Jahr 300 etwa 150 Bistümer im Kolonialgebiet um Karthago zu finden sind. Ab dem Jahr 303 sind zwei christliche Konfessionen in Nordafrika nachweisbar. Der damalige Kaiser Diokletian befahl der Kirchenführung die heiligen Schriften zur Vernichtung herauszugeben. Diejenigen, die dieses taten, wurden von anderen als Verräter beschimpft und so wurde eine neue Kirche unter der Führung eines gewissen Donatus gegründet. Er wurde Gegenbischof in Karthago. Während sich der katholische Glaube in der Oberschicht wiederfand, war der Glaube, den Donatus und die seinen vertraten, vor allem bei der Unterschicht beliebt. So kam es, dass im Jahr 411 der Donatismus ein Straftatbestand im römischen Reich wurde, und die katholische Kirche die Repression gegen Anhänger dieser Konfession noch verstärken konnte. Das kurze Zwischenspiel der Vandalenherrschaft in Nordafrika brachte eine Pause in dieser Verfolgung, wurde aber durch die später herrschenden Byzantiner wieder aufgenommen. Infolgedessen zogen sich die Anhänger des Donatismus nach Nordalgerien und Teile des heutigen Tunesiens zurück. Mit der arabisch-muslimischen Expansion verschwanden sie aber vollständig.

Vorher jedoch hatten sich die Kopten auf den Weg gemacht die christliche Religion zu verbreiten und waren dabei durch Handelsbeziehungen in das äthiopische Hochland geraten. Hier blüte das Christentum ab dem vierten Jahrhundert schon deshalb auf, weil hier mit dem Königreich Aksum eine lokale Großmacht herrschte. Der Königshof von Aksum war tolerant gegenüber allen Religionen, so dass das Christentum zunächst parallel zu anderen Religionen ausgeübt wurde, bis es schließlich zur einzigen Religion Aksums wurde. Seine exponierte Stellung als Handelsstützpunkt am Roten Meer wurde ab dem 6. Jahrhundert zu einem Problem, da der Krieg zwischen Byzanz und Persien den Handel stark einschränkte. Deutliches Zeichen für den Niedergang des Königtums ist der Rückgang der Münzprägung, die ab dem 3. Jahrhundert begann, aber Anfang des siebten Jahrhunderts wieder verschwand. Der Niedergang Aksums führte dazu, dass das christliche Königreich Äthiopien entstand, das sich als Erbe Akums verstand, so dass in Aksum die Krönungen der äthiopischen Könige vorgenommen wurden.

Ab dem 5. Jahrhundert finden sich Spuren des Christentums auch in Nubien, auch wenn die drei Königreiche Nubiens erst ab dem 6. Jahrhundert das Christentum als Staatsreligion einführten. Das Christentum blieb in Nubien fast tausend Jahre erhalten, bis es zum einen durch Pestepidemien des 14. Jahrhunderts, zum anderen durch das Vordringen der Araber und andere Muslime vernichtet wurde. Wie hoch das Ansehen und auch die Macht dieses christlichen Königreichs gewesen sein müssen, zeigt sich erstens in der Kathedrale von Farras, die mittlerweile am Grund des Nasser-Staudamms liegt, und zweitens an einer Bitte, die im späten zehnten

Jahrhundert König Georgius II. erreichte. Darin wurde er gebeten, in einem Streit zwischen der koptischen Kirche und Äthiopien zu vermitteln.

Seit dem späten 13. Jahrhundert saß mit Yikunno Amlak ein König auf dem Thron Äthiopiens, der seine Herkunft auf den biblischen König Salomon und die Königin von Saba zurückführte. Der Enkel dieses Königs schuf im 14. Jahrhundert ein großes Reich und drängte die Muslime zurück. Herrschaft drückte sich in Äthiopien bis zur Mitte des 15. Jahrhunderts durch ein Reisekönigtum aus, das auf Residenzorte verzichtete. Erst im 16. Jahrhundert wurden ausgehend vom Sultanat von Harar Versuche unternommen, Äthiopien zu unterwerfen. Mit Hilfe portugiesischer Musketiere konnten diese Versuche jedoch überwunden werden.

Wenn die islamische Expansion auch in Äthiopien scheiterte, so war sie doch sehr erfolgreich im Bereich des nördlichen Afrikas. Seit dem 7. Jahrhundert zogen arabische Muslime über den Sinai und fielen in Ägypten ein. 4000 Muslime schafften es in weniger als drei Jahren das gesamte Land aus dem Einflussbereich des Reiches von Byzanz herauszuholen und den Islam zu verbreiten. Ihr Anführer Amr ibn Al-as soll für den Untergang der Bibliothek von Alexandria verantwortlich sein, wenn diese bis dahin noch Bestand hatte, da es auch möglich ist, dass bereits christliche Fundamentalisten 400 Jahre früher die Bibliothek dem Erdboden gleich gemacht haben. Spätestens aber mit der islamischen Expansion nach Ägypten war ihr

Ende gekommen. Die Erfolge in Ägypten führten dazu, dass die Muslime bis nach Lybien vordrangen und sich dort vier Jahre lang mit den byzantinischen Streitmächten bekriegten. Nach einer kurzen Pause erreichten die islamischen Truppen um das Jahr 670 herum den Atlantik. Kurz davor drang Ukba ibn Nafi weiter nach Süden vor und eroberte mehrere Oasenstädte wie etwa Germa, die antike Stadt der Garamanten, deren Reich westlich von Ägypten lag. Nach seinem Sieg soll er die dortige Bevölkerung gefragt haben, ob noch jemand jenseits dieser Stätten lebe. Man schickt ihn weiter in das Kawar-Tal, das im Norden des heutigen Niger liegt. Nach dessen Eroberung fragt er auch dort, ob jenseits des Ortes weitere Menschen wohnen würden. Als er eine verneinte Antwort bekam, machte er kehrt und zog zurück nach Norden. Nach seiner Ankunft in Marokko wollte Ukba zurück nach Arabien, wurde aber von Berbertruppen vernichtend geschlagen. Diese leisteten erbitterten Widerstand gegen die muslimische Eroberung. Die Ironie daran ist aber, das gerade durch den Widerstand, der über 100 Jahre dauerte, die Berber selber zu Muslimen wurden. Sie wollten nicht Teil einer staatlichen Organisation werden. Dennoch waren es schließlich Berber-Streitkräfte, wie das westliche Algerien und Marokko eroberten.

6. Westafrikanische Reiche – mit und ohne islamischen Glauben

Ukbas Vordringen nach Süden zeigt schon den Weg, den der Islam im Verlauf der Zeit, die man in Europa Mittelalter nennt, nehmen sollte. Mit der Ausbreitung des Islam in Nordafrika wurden auch die Verbindungen nach Westafrika verbessert. Zwar war schon in christlicher Zeit klar, dass es andere Städte und Reiche südlich der Sahara geben musste, doch waren die Kontakte sehr gering. Im Bereich des Niger-Flusses sind verschiedene Städte gegründet worden. Größte Stadt war wohl Alt-Jette, eine im neunten Jahrhundert existierende Handelsmetropole, in der der Ackerbau nicht bekannt war. Auch die bekannte Stadt Timbuktu ist in ähnlicher Weise wie Alt-Jette gebaut. Die Grabbeigaben in Alt-Jette zeigen, dass eine soziale Schichtung der Bevölkerung nicht bekannt war. Viele Funde weisen darauf hin, dass es Handelsbeziehungen bis an das Mittelmeer gegeben haben muss. Unter diesen finden sich über 100.000 Glasperlen, deren Herkunft entweder in Ägypten oder eventuell sogar in Indien liegt. Bis zur islamischen Expansion waren solche Handelsnetzwerke lokal beschränkt und reichten kaum weiter als zu den größten Städten. So ist das Gold, das im Karthago des späten 3. Jahrhunderts benutzt wurde, um Münzen zu prägen, mit großer Sicherheit aus den Goldminen von Bambuk am Oberlauf des Senegal.

Auch die arabischen Eroberer folgten der Spur des Goldes. Vor allem aber waren sie an der Kontrolle des Sklavenhandels interessiert, der schwarze Sklaven aus Westafrika in die neuen arabischen Kolonien Nordafrikas bringen sollte. Für diesen Sklavenhandel waren im neunten Jahrhundert vor allem drei Reiche entscheidend: Kanem bzw. dessen Nachfolgestaat Borno sowie das Reich Ghana und die Stadt Gao. Es lohnt sich, auf diese drei Reiche den folgenden Blick zu werfen.

Der Raum, in dem später das Königtum Kanem entstehen sollte, scheint schon um 500 vor Christus besiedelt gewesen zu sein. Die Bevölkerung dort lebte allem Anschein nach als eine seminomadische Gesellschaft, was bedeutet, dass sie sowohl umherziehend waren, als auch zum Teil siedelten. Eine Gründung dieses Königreichs lässt sich allerdings kaum vor der zweiten Hälfte des ersten nachchristlichen Jahrtausends ausmachen. Gegründet wurde das Reich von kleinen Verbänden einer Bevölkerung die Zaghawa sprachen. Sie zogen in das Gebiet um den Tschadsee und dominierten dort sesshafte Ackerbauern. In arabischen Quellen taucht dieses Königreich das erste Mal im 8. Jahrhundert auf.

So befindet man sich plötzlich in der Region, von der die Bewohner des Kawar-Tals noch nichts wussten, als Ukba sie Ende des siebten Jahrhunderts fragte, ob hinter ihnen, noch jemand lebe. 100 Jahre später war den arabischen Gelehrten das Königreich Kanem wohl vertraut. Der Transsaharahandel wurde weiter ausgebaut, was im 11. Jahrhundert dazu führte, dass Kanem wie auch andere Reiche in Westafrika muslimisch wurde. Dennoch blieben viele Traditionen der ursprünglichen Religion erhalten. Der König von Kanem galt als gottgleich, ein Machtfaktor, den auch ein muslimischer Herrscher für sich zu nutzen wusste. Im Zuge wirtschaftlicher Probleme, die vor allem den Sklavenhandel betrafen, war dieser doch durch rivalisierende eindringende Gruppen bedroht, kam es zu Aufständen unterworfener Völker, aber auch im Herrscherhaus selber. So floh der damalige Herrscher Umar ibn Idris gegen Ende des 14. Jahrhunderts und ließ sich in Bornu, südwestlich des Tschadsees, nieder. Bis in die 1570er Jahre hinein war das alte Reich getrennt, ehe es von dort aus wieder erobert und vereint wurde. Diese ganze Zeit hindurch, verkauften die Zaghawa Sklaven und erhielten dafür Pferde aus Arabien, die sie wieder nutzen konnten, um neue Sklaven zu fangen.

Das Reich Ghana, das mit dem heutigen Land nicht zu verwechseln ist, stützte seine Größe und seinen wirtschaftlichen Erfolg auch auf den Sklavenhandel und den Zugang zu den erwähnten Goldminen von Bambuk. Der Aufbau der Hauptstadt zeigt bereits im elften Jahrhundert den Einfluss arabisch muslimischer Händler. Wie auch an anderen Orten Westafrikas ist die Stadt Ghana eine zweigeteilte Stadt. In einen Teil Leben Araber und Berber, der andere Teil ist afrikanisch im Sinne Mbembes. Solche Stadtsysteme existieren zur gleichen Zeit auch am Senegal und am Niger.

Im Laufe des 11. und 12. Jahrhundert kam es, wie im Fall von Kanem-Bornu erwähnt, in den westafrikanischen Reichen zu zahlreichen Übertritten der Herrscher zum Islam und folglich mit einiger Verzögerung auch bei der Bevölkerung. Diese Bekehrungswellen erfolgten nicht über die Händler, sondern wenn man den arabischen Quellen trauen kann, über echte Religionsgelehrte. So war der König von Ghana bereits im 12. Jahrhundert Moslem geworden. Dass man bis heute die Hauptstadt nicht gefunden hat, liegt wahrscheinlich daran, dass das Reich Ghana keine einheitliche Staatsstruktur besaß und so der Name auch auf andere Städte innerhalb des Reiches bezogen werden konnte. Die Hauptstadt dieses Reiches war sozusagen beweglich.

Die Goldmengen die aus Westafrika in den Norden des Kontinents gebracht wurden, waren schier endlos. Dennoch war nicht klar, wo genau das Gold herkam, anders lässt sich die Aussage eines Autoren aus dem 10. Jahrhundert kaum deuten: "Im Land Ghana wächst das Gold wie Pflanzen im Sand, so wie Karotten wachsen. Man erntet es bei Sonnenaufgang". Bei solch legendenhaften Herkunftsgeschichten, ist es kein Wunder, dass das Gold immer beliebter wurde. Während im 8. Jahrhundert nur wenig Goldmünzen geprägt wurden, wurden durch politische Probleme innerhalb des arabischen Raum in späteren Jahrhunderten wesentlich mehr Goldmünzen geprägt als vorher. Gab es vorher lediglich zwei Prägestätten, so waren ab dem 11. Jahrhundert im arabischen Spanien und im Maghreb 21 Goldmünzprägestätten vorhanden. Diese reichen Vorkommen an Gold lockten auch im 12. und 13. Jahrhundert vermehrt europäische Kaufleute an die afrikanische Küste so dass ein spätmittelalterlicher Goldrausch entstand. Im Zuge dessen erschienen auch erstmals schwarze Sklaven auf südeuropäischen Märkten im 14. Jahrhundert.

Im Zuge dieses großen Goldexportes wurde das Reich Ghana, das sich immer mehr für den Handel mit Gold als für dessen Abbau interessierte, stark benachteiligt. Hinzu kommt eine Periode der Trockenheit, die ab dem Jahr 1100 einsetzte. Beide Faktoren führten dazu, dass Ghana an Macht verlor. Im Quellbereich des Niger wurde außerdem eine neue Goldlagerstätte bei Bouré ausgemacht, die nun von einer anderen Gruppe kontrolliert und ausgebeutet wurde. Dabei handelt es sich um Malinke sprechende Menschen, die zunächst nicht kriegerisch tätig waren, aber im Zuge von Eroberungs-versuchen durch andere Gruppen sich unter dem Krieger Sundiata Keita vereinigten, diese Gruppen 1235 zurückschlugen und so die Stadt Niani gründeten, die die Hauptstadt des neugegründeten Staates Mali werden sollte. Das schwächelnde Ghana hatte diesem Staat nichts entgegenzusetzen und verlor so seine Hegemonial-stellung in der Region.

Keine 100 Jahre später sollte der Herrscher von Mali, Mansa Musa, eine berühmt gewordene Pilgerreise nach Mekka antreten, die ihn durch den gesamten nördlichen Teil Afrikas führte. Berühmt wurde die Reise vor allem dadurch, dass der Herrscher unendlich viel Gold mit sich führte. Nach einer arabischen Beschreibung hatte er neben 12000 Sklaven und 800 Hofdamen für seine Gemahlinnen auch noch 100 Kamele dabei, die je 300 Pfund Gold trugen. Der arabische Historiker Al-umari beschreibt seinen Aufenthalt in Kairo wie folgt:

> „Mansa Musa überschwemmte Kairo mit seinen Wohltaten. Er hinterließ keinen Emir des Hofes und kein königliches Amt ohne die Gabe einer Ladung Gold. Die Bewohner von Kairo machten mit ihm und seinem Gefolge unglaubliche Gewinne beim Kaufen und Verkaufen, Geben und Nehmen. Sie tauschten Gold, bis sie seinen Wert in Ägypten drückten und seinen Preis senkten. […] Gold hatte in Ägypten bis zu diesem Jahr einen hohen Preis. Der Mithqal ging nicht unter 25 Dirhams und war allgemein höher, aber ab diesem Zeitpunkt fiel sein Wert und es verbilligte sich im Preis und ist bis jetzt billig geblieben. Der Mithqal überschreitet nicht 22 Dirhams oder weniger. Dies ist der Stand der Dinge seit ungefähr zwölf Jahren bis heute wegen der großen Menge Gold, die sie nach Ägypten brachten und dort ließen."

Auf dem Rückweg seiner Reise hatte der König so viel Gold verschenkt, dass er selbst nicht mehr genug dabei hatte, sich aber etwas leihen konnte. So war es möglich, die Pilgerreise mit der Eroberung von Timbuktu zu verbinden. Dort stifte er nicht nur eine bis heute existierende Moschee, er gilt auch als Begründer der dortigen Universität. Tatsächlich aber besaß die Stadt keine Universität, man kann jedoch von bis zu 180 gleichzeitig bestehenden Koranschulen ausgehen. Außerdem kommen mehrere höhere Schulen hinzu. Alle diese Schulen waren in der Lage, auf Bibliotheken zurückzugreifen, in denen Wissen in arabischer Sprache und Schrift vermittelt wurde. Diese Bücher waren zum Teil Importe aus Nordafrika, andere waren tatsächlich vor Ort bzw. im südsaharischem Raum geschrieben worden. Diesen Büchern kam ein eigener Wert zu, so dass sie auch in Karawanen gehandelt wurden. Die Blütezeit Timbuktus begann ab der Mitte des 15. Jahrhundert. Seit einigen Jahrzehnten werden diese wertvollen Bücher von der Wissenschaft erschlossen und restauriert.

Der größte Gegenspieler Ghanas und später von Mali war die Stadt Gao, die an der Grenze zwischen den heutigen Staaten Mali und Niger lag. Auch sie war zweigeteilt und lag an beiden Ufern des Flusses Niger. Für die gelieferten Sklaven erhielt Gao über den Karavanenhandel der Sahara Salz, mit dem in der Stadt bezahlt werden konnte. Im Zuge der Expansion Malis wurde auch Gao Teil des Mali-Reiches. Man geht heute davon aus, das gerade die Heterogenität der Bevölkerungszusammensetzung den Untergang des Reiches Mali herbeigeführt hat. Der Staat zerfiel mehr und mehr in kleine unabhängige Fürstentümer, von denen Gao schließlich der erfolgreichste werden sollte und die Nachfolge Malis antrat.

Die Geschichte Gaos geht auf das achte Jahrhundert zurück. Die Stadt gehört in den Einflussbereich der Songhai. Um 850 entsteht die Dynastie der Za, die bis etwa 1275 die Herrscher stellten. Beeinflusst durch die Kultur der Mali wurde die Herrschaft der Za durch einen Adeligen mit Namen Ali Kolon beendet. Seine Familie sollte die Stadt wieder groß machen und schließlich die Macht in Westafrika übernehmen. Besonders sein Nachfahre Sonni Ali eroberte im 15. Jahrhundert zahlreiche Städte und Fürstentümer im Namen von Gao.

Dabei ging er äußerst brutal vor und zerschlug alte Herrschaftsstrukturen. Im Jahre 1492 starb er auf seinem letzten Feldzug bei einer Flussüberquerung, als er vom Pferd fiel und ertrank. Da seine Nachfolge nicht geregelt war, kam es zu Rivalitäten um die Nachfolge, aus denen Muhammad Ture als Sieger hervorging. Auch er gilt als ein Reformer, der sich vor allem auf die islamischen Eliten stützen konnte. Im Jahre 1528 wurde er von seinen Söhnen entthront und verband. Das von ihm errichtete Reich hatte nach seinem Tod innerhalb von 60 Jahren neun verschiedene Herrscher. Diese innere strukturelle Schwäche wurde von nach Unabhängigkeit strebenden Völkern innerhalb des Reiches ebenso genutzt wie von den Truppen des Sultans von Marokko, die dem Staat 1591 ein Ende setzen.

Wer sich die Geschichte dieser sich abwechselnden Großreiche anhört, kommt nicht umhin darin nicht nur eine politische, sondern auch eine kulturelle Leistung zu erkennen. Das wohl deutlichste Beispiel dafür ist die in Westafrika in der beschriebenen Zeit entstandene Möglichkeit der Pokeninokulation – eine frühen Form der Impfung, bei der an der Krankheit leidenden Menschen Eiter entnommen wird, der in geringen Mengen gesunden Menschen mit einem Dorn unter die Haut gekratzt wurde.

Während sich die Sahara nicht als Grenze zwischen dem Norden und dem subsaharischen Afrika jener Zeit etablieren lässt, war der Regenwald die tatsächliche Grenze zwischen einer arabisch-muslimisch geprägten Welt und dem, was Hegel als das wahre Afrika bezeichnet. Das eindrucksvollste Beispiel dafür ist das Königreich Benin, das im Südwesten des heutigen Nigeria lag. Es grenzte an die bisher beschriebenen spätislamischen Reiche, wurde von diesen aber nicht beeinflusst. Dieses Königtum war eine Gründung der Bini, die auch als Edo bezeichnet werden. Ursprünglich als Jäger und Sammler in den Regenwald vorgedrungen, begannen sie schon früh mit der Rodung des Waldes und nutzten seit dem 5. nachchristlichen Jahrhundert auch lokal produzierte Eisenwaren. Sie konzentrieren sich dabei komplett auf Landwirtschaft und ließen Viehzucht außen vor, da die Verbreitung der Tsetsefliege, die wie an anderer Stelle erwähnt, die tödliche Schlagkrankheit verbreitete, eine wirtschaftliche Zucht verunmöglichte. Die Ausbreitung der Agrarflächen sorgte allerdings auch dafür, dass es vermehrt zu Streitereien zwischen benachbarten Gruppen kam, was dazu führte, dass sich ein Herrschaftssystem etablierte, in dem oftmals ein junger Mann, der als besonders geeignet galt oder sich gegen seine Gegner durchgesetzt hatte, die Macht besaß. Auf diese Weise soll es im Gebiet des späteren Königtums Benin 130 Kleinstaaten gegeben haben. Nahe der heutigen Stadt Benin City lag eine dieser Siedlungen. Aus ihr ging im 7. Jahrhundert die zentralisieren Macht des Königtums hervor, die nach und nach die anderen Kleinstaaten unterwarf. Eine besonders interessante Phase der politischen Geschichte des Königtums scheint die Zeit zwischen 900 und etwa 1150 gewesen zu sein, die als Phase der Himmelskönige bezeichnet wird. Beweise für diese legendäre Herrschaft, in der das Königreich stabil und wohlhabend war, gibt es aber nicht. Nach 1150 begann jedenfalls eine Krise, die der Legende nach dadurch beendet werden konnte, das Abgesandte der Bini in den Ort Ile-Ife geschickt wurden, wobei es sich um den legendären Ursprungsort aller yorubasprachigen Gemeinschaften, zu denen die Bini auch gehörten, handelt. Dort bat man um einen Prinzen, der auch geschickt wurde.

Als Herrscher war dieser Prinz ein Nachfahre des Gottes Oduduwa, dem Schöpfer der Yoruba. Dennoch wurde spätestens ab dem frühen 13. Jahrhundert der König durch sogenannte Königsmacher gewählt, was Benin zu einer Wahlmonarchie machte. Der Kandidat freilich musste dennoch aus der Königsfamilie stammen. Die größte Ausdehnung hatte das Königtum Benin im 15. und 16. Jahrhundert. Die Regierung verlief, traut man der mündlichen Überlieferung, relativ ruhig. Abgesehen von einem König, der wegen einer Beinlähmung Mitte des 14. Jahrhunderts gesteinigt wurde, sind kaum Probleme im Herrscherhaus auszumachen. Erst 100 Jahre später finden sich wieder Hinweise auf die politische Geschichte des Königtums. Oba Evuare war durch einen Brudermord an die Macht gekommen und regierte das Land mit harter Hand. Unter ihm begann die militärische Expansionspolitik des Königtums. Zu Beginn des 16. Jahrhunderts taucht in den Erzählung eine Kriegerin auf, die ihren Sohn in den Regierungsgeschäften erst vertrat und dann unterstützte. Idia führte so das Amt der Königinmutter ein und hielt selber Hof.

Obwohl von islamischen Traditionen unbehelligt, war Benin keineswegs von der Außenwelt abgeschlossen. Über ein ausgeklügeltes Flußsystem hatte es Kontakte zum Atlantik. Als Zentrum des Königtums veranstaltet es außerdem regelmäßig Markttage, auf denen Produkte aus dem gesamten Reich und den angrenzenden Regionen verkauft wurden. Mit der Expansion des Reiches wurden diese Markttage auch auf andere Orte übertragen, so dass sich ein riesiges Handelsnetz innerhalb des Königreichs ergab. So wurden auch schon früh die Europäer, die sich ab dem 15. Jahrhundert für Afrika interessierten, auf Benin aufmerksam. Bereits 1485 konnten die ersten europäischen Besucher Benin beschreiben. Vom dortigen Kunsthandwerk war man begeistert.

7. Der Indische Ozean als Binnenmeer – Ostafrikanische Reiche

Kam der Islam über die alten Landwege der Handelskarawanen nach Westafrika, so nutzte er im Osten des Kontinents die alten Seewege durch den Indischen Ozean. Ich habe schon vorhin darauf hingewiesen, dass die Umsegelung Afrikas unter dem Befehl von Pharao Necho im Roten Meer begann. Mögen die Phönizier sich vor allem entlang der afrikanischen Küste vorangetastet haben, so war es auch in der Antike schon möglich, den Indischen Ozean Richtung Osten genauer zu erschließen. Zwischen Euphrat und Indus ist Handelsverkehr bereits seit dem Jahre 3000 vor Christus belegt. Aus dem ersten Jahrhundert nach Christus ist ein Reisebericht überliefert, der im Detail alle Küstenorte aufzählt, an denen Frachter aus Ägypten landen konnten. Bis nach China waren nachweislich antike Europäer gekommen, wie chinesische Quellen des dritten Jahrhunderts nach Christus belegen. Mittelalterliche Münzen aus Afrika, die im Jahre 1944 an der australischen Nordküste gefunden wurden, zeugen davon, wie weit das Handelsnetz der damaligen Zeit bereits gereicht haben muss.

Früheste islamische Spuren finden sich im 8. Jahrhundert an der Nordküste Kenias. Archäologische Ausgrabungen belegen, dass sich dort eine kleine Moschee für neun Gläubige befunden haben muss, die aber im Laufe von 300 Jahren immer wieder neu errichtet wurde, um mehr Platz zu bieten. Die Menschen, die an der Ostküste Afrikas zu diesem Zeitpunkt lebten, waren keine Händler. Von wirtschaftlicher Bedeutung war vor allem der Ackerbau und der Fischfang. Dennoch spielte der Handel eine untergeordnete Rolle, die sukzessive erweitert werden sollte. So sind bereits für das siebte Jahrhundert Handelsbeziehungen in das afrikanische Hinterland belegt, wie sich an einer Scherbe importierten Glases, das seinen Ursprung an den Viktoriafällen hat, oder aus Perlen aus dem südlichen Simbabwe zeigt. An diesen Handelsbeziehungen wird auch deutlich, das zu Beginn die Küstenregionen Ostafrikas eher eine Bindung ans Landesinnere hatten, aber nicht an das Meer. Eine arabische Reisebeschreibung aus dem frühen 10. Jahrhundert gibt uns einen Einblick in das Leben an der afrikanischen Ostküste. Berichtet wird über das Land Sandsch, das irgendwo zwischen Südsomalia und Nordtansania, also an der Ostküste Kenias, gelegen haben muss und sich über eine Länge von 4000 Kilometern zieht. Geritten wurde dort auf Ochsen und Elefanten, angepflanzt wurden Bananen, aber auch Hirse, und ernährt wurde sich von eben dieser Hirse sowie von Honig, Fleisch und Kokosnüssen.

Die Bewohner der afrikanischen Ostküste gehörten zu den Bantuvölkern, was sich daran zeigt, dass sie Swahili sprechen. Diese Sprache entwickelte sich zu einer *lingua franca* der Küstenregion, die bis in den heutigen Ostkongo Verwendung findet. Viele Wörter aus dem arabischen Raum haben Eingang in das Swahili gefunden.

Auch an der Ostküste nimmt der Einfluss der Muslime im 11. und 12. Jahrhundert zu, es kommt aber nicht zu solch großen Übertretungswellen wie im Westen. Erst später, etwa ab dem 13. Jahrhundert, finden sich auch große muslimische Gemeinden an der Ostküste. Das wichtigste Beispiel dafür ist die große Handelsstadt Kilwa im heutigen Tansania. Diese heutige Ruinenstadt lag auf einer Insel in einem Mangrovensumpf. Durch ihre exponierte Lage, bot sie sich als Handelsstützpunkt an. Ab dem 14. Jahrhundert stand diese Stadt unter muslimischen Einfluss, was sich durch eine befestigte Burganlage, die von Sultan Hasan ibn Sulayman erbaut wurde, zeigt. In dieselbe Zeit fällt der Bau der wohl größten Moschee des subsaharischen Ostafrika. Als die Portugiesen diese Stadt, die mittlerweile ein UNESCO-Weltkulturerbe ist, um das Jahr 1500 herum das erste Mal sahen, beschrieben sie wie wie folgt:

> "Die Stadt reicht bis an die Küste hinunter und ist von einer Mauer und von Türmen umgeben, zwischen denen ungefähr 12.000 Einwohner leben. Die Straßen sind sehr eng, gesäumt von drei oder vier Stockwerke hohen Häusern, auf deren Dachterrassen man entlang gehen kann, da so sie eng beieinander stehen. Im Hafen liegen viele Schiffe."

Diese Häuser waren allesamt aus Stein gebaut, was seit dem Jahr 1200 üblich war. Die Menschen, die dort wohnten, waren internationale Händler, die aus Arabien, Indien und Persien nach Kilwa kamen. Auch die Produkte, die in Kilwa verkauft wurden, kamen aus diesen Gegenden und noch von viel weiter weg, wie etwa chinesische Keramik belegt. Aus Madagaskar wurde Reis importiert. Die oben erwähnten afrikanischen Münzen, die während des Zweiten Weltkriegs an der australischen Nordküste gefunden wurden, stammen ebenfalls aus Kilwa. In dieser Stadt gab es die einzige Münzprägeanstalt des subsaharischen Afrikas. Mit dem Wachsen der Stadt, wurden auch die Handelsverbindungen ins Inland immer wichtiger, denn diese Münzen bestanden aus Kupfer, das in der Provinz Shaba, die heute Katanga heißt und zur Demokratischen Republik Kongo gehört, seit dem 4. Jahrhundert gewonnen wurde.

Kilwa war nicht die einzige befestigte Stadt an der Ostküste Afrikas. Im heutigen Kenia finden sich Spuren von Manda, Shanga und Gedi, die ab dem 10. Jahrhundert ebenso aufblüten wie Kilwa.

So lässt sich die politische Struktur der ostafrikanischen Küste in etwa mit der des antiken Griechenlands vergleichen: viele kleine Stadtstaaten, dazwischen vereinzelte Dörfer. Weiter im Landesinneren entwickelten sich keine staatlichen Strukturen, abgesehen von der Struktur der bereits erwähnten *Big Men*. Durch dynastischen Streit innerhalb des Dorfadels kam es immer wieder zu Neugründungen und damit Rodungen des Regenwalds in diesen Regionen. Wirtschaftlich waren diese Gesellschaften von der Landwirtschaft und teilweise der Viehzucht abhängig. Besonders der Anbau von Bananen war durch intensive Niederschläge in Burundi möglich, während Tierseuchen eine langfristige und intensive Tierzucht unmöglich machten. Diese war lediglich im angrenzenden Gebiet von Ruanda und Burundi möglich.

Die Verbindungen zum Hinterland waren für die Küstenstädte wichtig, denn zahlreiche afrikanische Produkten wie Elfenbein und auch Sklaven wurden nach Arabien verkauft. Aber auch symbolische Geschenke spielten eine wichtige Rolle. Besondere Aufmerksamkeit erregte im 15. Jahrhundert das Auftauchen der chinesischen Handelsflotte unter Admiral Cheng Ho vor der Küste Ostafrikas. Zwischen den dortigen Stadtstaaten und dem chinesischen Kaiserreich der Ming-Dynastie wurden offizielle Beziehungen eröffnet. Zu den Geschenken, die man aus Afrika an den Hof in Peking sandte, gehörte 1415 auch eine lebende Giraffe aus der Stadt Malindi. Doch das weit wichtigste Handelsgut der Ostküste war

Gold.

8. Auf den Spuren des Goldes ins südliche Afrika

Folgt man dem Gold, das in Kilwa verkauft wurde, so landet man schnell in dem etwa 1500 km entfernten Groß-Simbabwe. Der Name leitet sich ab von uralten Steinhäusern, die hier ein großes Ausmaß annehmen. Über das Leben in diesen Städten wissen wir so gut wie nichts, da es an schriftlichen Zeugnissen welcher Art auch immer fehlt. Die archäologischen Funde aus Groß-Simbabwe aber zeigen uns, dass es hier eine große Kultur gegeben haben muss. Zwischen 11000 und 18000 Einwohner müssen in dieser Stadt gelebt haben. Damit ist sie die größte Stadt südlich der Sahara im vorkolonialen Afrika. Zwischen den Jahren 1300 und 1500 florierte dieser Ort, der von einem Bau auf einem Hügel dominiert wird, der von den Europäern Akropolis genannt wurde. Alle Häuser dieses Ortes, der 180 Hektar umfasst, sind ohne Mörtel zusammengebaut und halten dennoch seit knapp 800 Jahren. Der Akropolishügel wird von einer Mauer umfasst, die zwölf Meter hoch und fünf Meter dick ist. Auch über die Religion der Einwohner können wir nur soviel sagen, als dass Vögel eine besondere Rolle bei ihr gespielt haben müssen, denn in den Kultzentren finden sich auffallend viele Statuen und Reliefs dieser Tiere. Der Handel mit Gold machte die Bewohner von Groß-Simbabwe reich. Das belegen Luxusgüter wie chinesisches Porzellan oder indische Perlen. Auch in Groß-Simbabwe gab es aber arme

Menschen, die außerhalb der Stadt gelebt haben müssen.

Anders als an der afrikanischen Ostküste haben wir es hier tatsächlich wohl mit einer staatlichen Struktur zu tun, dessen Zentrum die Stadt Groß-Simbabwe gewesen sein wird. Mehr als 300 kleinere Städte sind im Umkreis der Stadt ausgemacht worden, die größeren davon waren wahrscheinlich Provinzhauptstädte des Reiches.

Innerhalb des Einflussraumes von Groß-Simbabwe lagen auch die Minen, die sich heute im Hochland von Simbabwe befinden. Dort wurde ab dem 12. Jahrhundert Gold abgebaut – gelegentlich passiert dies auch noch heute. Zuständig für den Abbau des Goldes waren, so zeigen Skelettfunde in den Minen, Frauen. Der Grund dafür ist nicht bekannt. Seit dem 13. Jahrhundert floss der Erlös aus dem Verkauf dieses Metalls in den Bau der Stadt Groß-Simbabwe und des ihr zugehörigen Großreiches. Dieses umfasste etwa das Gebiet des heutigen Staates Simbabwe aber auch Teile von Botswana, dem nördlichen Südafrika sowie Teile von Mosambik.

Ein Vergleich mit arabischen Darstellung des 13. Jahrhunderts zeigt, dass es sich bei der Küstenregion Mosambiks um die kaum zu identifizierende Provinz Sofala handeln muss, die bereits im zehnten Jahrhundert als Heimat des afrikanischen Goldes ausgemacht wurde. Dieses Gold aber kann noch nicht in den Minen Groß-Simbabwes abgebaut worden und muss daher anderen Ursprungs sein. Im südlichen Afrika konnten Archäologen in der Zeit zwischen 700 und

1200 die Existenz zahlreicher größer werdender Siedlungen nachweisen. Neben Ackerbau und Viehzucht betrieben die Einwohner dieser Siedlungen auch Handel unter anderem mit Elfenbein, aber auch Eisen, Töpferware, Getreide und Vieh. Etwa ab dem Jahre 1000 sind außerdem Fernhandelsbeziehungen mit verschiedenen Gegenden am Limpopo, einem Grenzfluss im nördwestlichen Südafrika, am Sambesi, dem viertgrößten Fluss Afrikas, und dem Kongo belegt. Aus diesen Gebieten wurden Kupfer und Gold bezogen. Es besteht also die Möglichkeit, das Gold aus Zentralafrika über südafrikanische Händler seinen Weg an die Ostküste und so bis nach Arabien fand.

Dass es im südlichen Afrika einen Ort wie Groß-Simbabwe geben konnte, hat damit zu tun, dass im südlichen Afrika, anders als im Westen des Kontinents, Siedlungen eher dem Standard entsprach als das Nomadentum. Man lebte hier zunächst vor allem von der Viehzucht. Die ursprüngliche Bevölkerung Südafrikas bestand aus San. Mit der Bantu-Wanderung kamen die Viehzüchter, wie die Khoikhoi auch nach Südafrika. Zu deren Tieren gehörten vor allem Schafe und Rinder, Ziegen spielten eine untergeordnete Rolle. Die immer drohende Nahrungsknappheit in der südlichen Savanne, die sich bei den Tswana in der Begrüßungsformel „Was isst Du?“ überliefert hat, sorgte jedoch dafür, dass daneben auch weiterhin gejagt und gesammelt wurde. Außerhalb des Reiches von Groß-Simbabwe scheint es keine staatlichen Strukturen gegeben zu haben.

Vielmehr organisierte man sich in Clans von bis zu 100 Menschen. Diese wiederum waren in einer weiteren Überordnung zusammengefasst, die wiederum bis zu 2000 Personen umfassen konnte. Aufgabe dieses übergeordneten Zusammenschlusses war es, über Krieg und Frieden zu entscheiden sowie Streitigkeiten zwischen den zugeordneten Clans zu schlichten. Bedingt durch die Lebensweise als Viehzüchter waren diese Gesellschaften, obwohl sie siedelten, äußerst mobil, was den Zusammenhalt zwischen den einzelnen Clans sehr flexibel gestaltete.

Von Osten kommend verbreitete sich im südlichen Afrika ab dem dritten nachchristlichen Jahrhundert der Ackerbau. Diese zugewanderte Bevölkerung Südafrikas bildete eigene staatliche Strukturen aus. Am östlichen Küstenstreifen ließen sich die Nguni nieder. Nördlich davon fanden sich die Swazi. Auf dem Gebiet des heutigen Lesotho und seiner näheren Umgebung fanden sich die Sotho-Tswana. Weiter südlich lebten unter anderem die Thembu, die Mpondomise, die Mpondo und die Xhosa. Diese bearbeiteten ihre Felder mit Holzgeräten, eiserne Haken waren häufig winzig und kostbar, so dass das Überleben vom Geschick des Einzelnen abhing. Angebaut wurden vor allem Sorghum und Hirse, aber auch Gemüse und Hülsenfrüchte. Ähnlich wie der Bergbau in Groß-Simbabwe war auch der Ackerbau in Südafrika Aufgabe der Frauen, während die Männer sich vor allem um die Viehzucht und die Jagd kümmerten, die beide allerdings nur einen kleinen Teil des Wirtschaftens ausmachten. Dafür war der soziale Status, der mit dem Jagen und der Viehzucht verbunden war, ungleich höher als der Ackerbau. Ab ca. 1300 siedelten die Ackerbauern auf den höher gelegenen Gebieten des Hochfelds. Dabei gaben sie den Ackerbau wieder auf und verlegten sich auf die Viehzucht. Außerdem begann man mit der Gewinnung und Bearbeitung von Metallen. Die Clan-Struktur, die das soziale und politische Leben bestimmt hatte, blieb auch zu diesem Zeitpunkt erhalten.

9. Das Afrika des Äquators – Der Kongo

Solche Clan-Strukturen gab es auch in anderen Gebieten des afrikanischen Kontinents. In der Anzahl der Mitglieder unterschieden sich diese Clans oftmals. Für Äquatorialafrika sind Clans von bis zu 40 Menschen nachweisbar. Diese Differenz hat auch etwas mit der Anzahl der Menschen in einem bestimmten Gebiet zu tun. Während in Südafrika die Bevölkerung groß war, war der Regenwald des Äquators eher dünn besiedelt. Grundlage des Lebensstils war auch hier der Ackerbau. Das Problem bestand jedoch darin, dass dafür der Regenwald gerodet werden musste. Beim Umgang mit dem Regenwald, gab es zwei grundsätzlich verschiedene Auffassungen. Bei den Pygmäen war der Regenwald äußerst positiv besetzt, wohingegen er bei den sogenannten Waldmenschen, die sich aus Westafrika in den Regenwald vorwagten, viele negative Eigenschaften besaß. Das Roden des Waldes war somit nicht nur eine

Aufgabe des puren Wirtschaftens, sondern war auch verbunden mit einer mythologischen Idee. Da aber der Wald als mystische Einheit diese Rodungen nicht gut heißen konnte, war der Versuch der Rodung etwas, was den Einzelnen negativ beeinflussen konnte. Daher fanden sich nur wenige, die bereit waren, in die Nähe des Äquators zu ziehen, um dort zu siedeln. Auch diejenigen, die bereit waren, hatten Respekt und Angst vor dem Wald, so dass es besser war, den Wald von Sklaven fällen zu lassen. Diese erkaufte man sich durch den Abbau von Gold und anderen Metallen.

So kann es nicht verwundern, das eben jene Völker Äquatorialafrikas, die ihr Reich durch Sklavenarbeit aufbauen konnten, auch diejenigen waren die später Sklaven an die Europäer verkauften. Ein herausragendes Beispiel für staatliche Entwicklung in Äquatorialafrika ist das Königreich Kongo, das sich an der Kongomündung entwickelte. Seine Lage an der Küstenregion war von jeher förderlich für Handelsbeziehungen nach Süden und Norden. Die Kontrolle über diese Handelsbeziehungen waren die Grundlage für die Königsmacht der Kongo. Die Mwissikongo, ein Königsclan, der an die Kongomündung eingewandert war, bauten diese exponierte Stellung im 14. und 15. Jahrhundert aus. Die Politik des Königreichs Kongo war auf Expansion ausgerichtet. Einzelne kleine Häuptlingstümer wurden in den Staat integriert, bei den Eroberungen erbeutete Gefangene wurden versklavt. Diese Sklaven dienten der Landarbeit im Umkreis der Hauptstadt Mbanza Kongo im heutigen Angola. Die Art der Sklavenhaltung unterschied sich deutlich von der anderer Völker in West- oder Zentralafrika. Dort war es üblich, dass Sklaven in die Verwandtschaftsgruppe ihres neuen Herrn aufgenommen wurden, von wo aus sie soziale Aufstiegsmöglichkeiten hatten. Solche Möglichkeiten fehlten im Königreich Kongo komplett, Sklaven sollten einfach die Aufgabe erledigen, die ihnen ihr Herr aufgetragen hatte.

Offizielle Ämter, wie die der Provinzgouverneure, konnten auf zwei Arten errungen werden. Zum einen waren vor allem Verwandte des Königs berechtigt, sie auszuüben, zum anderen musste man in der Gunst des Königs stehen, um ein Amt übernehmen zu können. Vererbt werden konnten solche Ämter nicht. Im Königreich Kongo gab es zudem eine zentrale Armee, die die Eroberungszüge durchführte und nachher das Tributsystem einführte, in dem unterworfene Völker ihren Anteil zu leisten hatten. Durch die Anhäufung von Macht im Königreich kam es nach dem Tod des Königs regelmäßig zu kriegerischen Auseinandersetzungen zwischen den potentiellen Nachfolgern.

Weiter östlich im Kongobecken fand sich das Volk der Kuba, die mit der gleichnamigen Insel nichts zu tun haben. Die Gesellschaft dieses Volkes bestand aus eingewanderten mongosprechenden Gruppen, die natürlichen Begebenheiten nutzen konnten, um eine stabile Struktur zu entwickeln. Die Mongo kamen nicht als Eroberer, vermischten sich mit der in dem Gebiet bereits lebenden

Bevölkerung des Volks der Kete. So entwickelte sich kein Zentralstaat wie an der Kongomündung, sondern viele kleinere Häuptlingstümer, die erst im 17. Jahrhundert in ein eigenes Königreich gezwungen wurden. Bei den Kuba war es möglich, dass ohne Gewalt Reformen durchgesetzt und effektivere Formen der Landwirtschaft eingeführt wurden. Auch ein ausgeklügeltes Rechtssystem existierte, das auf Tradition und Konvention beruhte. Insgesamt scheint die Bevölkerung Kubas wesentlich freier gewesen zu sein, als die des Königreichs Kongo. Das zeigt sich auch in herausragenden künstlerischen Arbeiten, wie fein bearbeiteten Masken und Schmuck.

Obwohl äußerst dünn besiedelt, waren die Regionen südlich des Äquators am Kongofluss keineswegs unbewohnt oder ohne gesellschaftliche Strukturen. Dazu zählen neben den Kuba und den Kongo unter anderem die Mpunbu, die Lunda und die Luba sowie die Ndongo, die Kasanie oder die Mbundu im heutigen Angola. Nördlich der Kongomündung fanden sich die Loango, die Teke, die Kakongo und die Ngoyo. Mit Ausnahme der Kuba waren alle diese Völker am transatlantischen Sklavenhandel beteiligt. Dies kann allerdings auch nicht verwundern, bedenkt man, dass dort die Haltung und der Verkauf von Sklaven durchaus eine lange Tradition hatte.

10. Als die Europäer kamen

Ich möchte dieses Essay mit einem Blick auf die Zeit der europäischen Expansion schließen. Der Vortrag sollte gezeigt haben, das in Afrika auch außerhalb europäischer Einflusssphären Politik gemacht wurde, und die Afrikaner als solche keine passiven Opfer irgendeiner europäischen Expansionspolitik waren, bevor das 19. Jahrhundert begann. Die späteren europäischen Kolonialreiche in Afrika waren von Anfang an zunächst als Handelsposten angelegt. Eine Besiedlung dieser Länder war von europäischer Seite aus nicht angedacht. Aus diesem Grund war man auf die Kooperation der dort lebenden Bevölkerung angewiesen. Die seit dem Mittelalter auch im Mittelmeerraum bekannten Goldrouten durch die Sahara lockten ab dem 15. Jahrhundert auch die Europäer nach Afrika. Das kann nicht überraschen, denn – das sollte das Essay gezeigt haben – auch die Araber folgten zunächst einmal dem Gold, wenn es darum ging, Afrika zu erkunden. Den Anfang machten die Portugiesen, die unter dem Infanten Heinrich dem Seefahrer erste Anstrengungen machten, außerhalb europäischer Gewässer Handelspunkte zu eröffnen. Im Schlepptau dieser wirtschaftlichen Expansion machten sich auch vermehrt katholische Geistliche auf den Weg, um die gute Nachricht des Christentums zu den unwissenden Afrikanern zu bringen. Die Touren entlang der westafrikanischen Küste waren für beide Absichten ein voller Erfolg, zumal beide Hand in Hand gingen. Das Christentum konnte auch deswegen im Königreich Kongo Fuß fassen, weil man dort bereits eine vage Vorstellung einer höchsten Macht oder obersten Instanz besaß, einer sogenannten *Nzambi Mpungu,* hatte. Bereits 1482 landete der portugiesische Entdecker Diogo Cão an der Kongomündung und keine zehn Jahre später trat der Herrscher des Königreichs Kongo zum Christentum über.

Zu den Fußnoten der afrikanischen Geschichte gehört außerdem auch die Festung Großfriedrichsburg, denn auch die Preußen probierten in Afrika am Sklavenhandel zu partizipieren und bauten daher im heutigen Ghana einen Handelsstützpunkt auf. Allerdings entwickelte sich dieser Handel anders als erwartet und in Berlin verlor man im frühen 18. Jahrhundert das Interesse an der Kolonie, so dass sie wieder aufgegeben wurde.

Eine weitere frühe europäische Gruppe, die sich in Afrika niederließ, waren die aus Holland geflohenen Buren. Sie kamen 1652 am Kap der guten Hoffnung an und hatten die feste Absicht einen Handels- und Versorgungsstützpunkt zu gründen. Etwa 90 Männer, Frauen und Kinder gingen an Land. Die Gründung dieser Kolonie hatte unter anderem damit zu tun, dass die Niederländer bei ihren Erkundungsfahrten immer wieder am Kap vorbei mussten und dort oftmals unfreiwillig überwinterten. Zunächst war geplant gewesen, mit den Einheimischen dort Handel zu treiben und niederländische und andere europäische Schiffe bei ihrer Überfahrt in den Indischen Ozean zu unterstützen. Allerdings war es ausschließlich möglich mit den Völkern am Kap, Rinder zu tauschen. Weitere Produkte wurden von ihnen nicht angeboten, so dass die Siedler dazu übergingen selber Ackerbau zu betreiben. Die in Südafrika nun beheimateten Buren waren allerdings Kolonialbeamte und keine Bauern. Sie weigerten sich schlicht, diesem Ackerbau weiter nachzugehen. Daher wurden weitere Arbeitskräfte und Saatgut ans Kap geschickt. Auch wenn die Kapkolonie ursprünglich nicht als Kolonie angedacht war, sondern lediglich als ein Versorgungsstützpunkt für Schiffe, so wurde aus ihr nach und nach eine eigenständige Siedlung, mit einer eigenständigen Sprache, dem Afrikaans.

Auch die Auseinandersetzungen mit den Einheimischen wurden mehr und mehr zu einem Problem, infolgedessen sich eine klare Rassentrennung vollzog, aus der zunächst die Weißen als stärkere Kraft hervorgingen, obwohl die schwarze Bevölkerung in der Mehrheit war.

11. Fazit

Die Geschichte Afrikas in der Zeit, die man in Europa als Mittelalter bezeichnet, ist bestimmt durch ein gewaltiges Netzwerk kulturellen Austausches. Der gesamte afrikanische Kontinent partizipierte an diesem Austausch von Waren, zu denen von Anfang an auch Sklaven gehörten. Der muslimische Norden bildete dabei eine Brücke nach Europa und alte Wege über den Indischen Ozean boten die Möglichkeit, den Handel mit China, Indien und entfernteren Gegenden auszubauen. Das Auftreten der Europäer ermöglichte eine Erweiterung der Handelsbeziehungen und somit des kulturellen Austausches. Von Afrika aus betrachtet, scheint es fast so, als sei der europäische Einfluss gar keine so einschneidende Zäsur gewesen, wie man in Europa meint.

Die Afrikaner traten den Europäern selbstbewusst entgegen, neugierig auf deren Angebote und doch in der Lage, als eigenständige Subjekte ihr Schicksal zu bestimmen. Am Beispiel der Königin Nzinga von Matamba wird dieses Vorgehen sehr deutlich. Sie verhandelte zwar mit den Portugiesen, hatte aber auch keine Probleme deren Einfluss kriegerisch zurückzudrängen. Damit steht sie in einer alten Tradition afrikanischer Politik, ja Politik überhaupt.

Damit bleibt die Frage, wie es bei solchen hochentwickelten Kulturen eigentlich möglich war, dass sie schließlich von Europa unterjocht wurden. Das hat zum einen wohl damit zu tun, dass die Europäer im Laufe der frühen Neuzeit zu Rassisten wurden, die eben nicht mehr auf Augenhöhe verhandelten, zum anderen mit der Industrialisierung, von der vor allem die Kultur Europas und Nordamerikas geprägt wurde. Der mit ihr einhergehenden Beschleunigung gesellschaftlicher Prozesse konnten die afrikanischen Kulturen nichts entgegensetzen.

Literatur

1.Die Familie *Equidae*

Benecke, Norbert: Der Mensch und seine Haustiere, Stuttgart 1994.

Born, Klaus: Nordkongo – Der Westen, in: Baumann, Hermann (Hrsg.): Die Völker Afrikas und ihre traditionellen Kulturen. Teil 1. Allgemeiner Teil und südliches Afrika, Wiesbaden 1975, 685 – 721.

Darwin, Charles: The Variation of Animals and Plants Under Domestication, Vol 2, Fairfoird (UK) 2007.

Egri, Ádám/Blaho, Miklós/Kriska, György/Farkas, Róbert/Gyurkovszky, Mónika/ Åkesson, Susanne, Horváth, Gábor: Polarotactic tabanids find striped patterns with brightness and/or polarization modulation least attractive: an advantage of zebra stripes, in: The Journal of Experimental Biology 215 (2012), 736-745.

Elbl, Ivana: The Horse in Fifteenth-Century Senegambia, in: The International Journal of African Historical Studies, Volume 24, No. 1 (1991), 85 – 110.

Gray, Victor: Something in the Genes: Walter Rothschild, Zoological Collector Extraordinaire, 2006, in: http://www.rcseng.ac.uk/museums/events/Docs/ (2. März 2012).

Grzimek, Bernhard: Ohne Rasse, ohne Art. Von Pferdehengst und Eselstute, in: *Die Zeit* 11 vom 5. März 1976, 56.

Herrmann, Bernd: Rezension zu: *Reith, Reinhold: Umweltgeschichte der Frühen Neuzeit. München 2011*, in: H-Soz-u-Kult, 21.12.2011, in: http://hsozkult.geschichte.hu-berlin.de/rezensionen/2011-4-207.

Leutwein, Paul: Deutsch-Südwestafrika. Die Wirtschaft, in: Schwabe, Kurd/Leutwein, Paul: Die deutschen Kolonien, Berlin 1924 (Nachdruck von 2009), 152 – 168.

MacFadden, Bruce J.: Fossil Horses: Systematics, Paleobiology, and Evolution of the Family Equidae, Cambridge 1994, 304.

Nowak, Ronald, M.: Walker's Mammals of the World Vol. II, Baltimore/London 1991.

Reith, Reinhold: Umweltgeschichte der Frühen Neuzeit. München 2011.

Sadava, D./Hillis, D.M./Heller, H.C./Berenbaum, M. R.: Purves Biologie, hrsg. von Jürgen Markl, München [9]2011.

Schroer, Silvia: Die Tiere der Bibel. Eine kulturgeschichtliche Reise, Freiburg 2009.

Sicard, Harald von: Das Gebiet zwischen Sambesi und Limpopo, in: Baumann, Hermann (Hrsg.): Die Völker Afrikas und ihre traditionellen Kulturen. Teil 1. Allgemeiner Teil und südliches Afrika, Wiesbaden 1975, 457 – 471.

Waage, Jeffrey K.: How the Zebra got its stripes - biting flies as selective agents in the evolution of Zebra coloration, in: Journal of the Entomological Society of South Africa, 1981, Vol. 44, 2, 351 – 358.

Vansina, Jan: Südkongo, in: Baumann, Hermann (Hrsg.): Die Völker Afrikas und ihre traditionellen Kulturen. Teil 1. Allgemeiner Teil und südliches Afrika, Wiesbaden 1975, 649-683.

Zeuner, Frederick: Geschichte der Haustiere, München u. a. 1967.

2. Schädelkulte in Westafrika

Hoßfeld, Uwe: Kopf, Schädel und Rassenkunde, in: Wieczorek, Alfried/Rosendahl, Wilfried (Hrsgg.): Schädelkult. Kopf und Schädel in der Kulturgeschichte des Menschen, Regensburg 2011, 309-317.

Schlothauer, Andreas: Kopfjagd und Schädelkult in West-Afrika, in: Wieczorek, Alfried/Rosendahl, Wilfried (Hrsgg.): Schädelkult. Kopf und Schädel in der Kulturgeschichte des Menschen, Regensburg 2011, 117-123.

Wegmann, Heiko: Die Freiburger Alexander-Ecker-Sammlung, koloniales Schädelsammeln und der aktuelle Rückgabeprozess nach Namibia, in: Wieczorek Alfried/Rosendahl, Wilfried/ Schlothauer, Andreas (Hrsgg.): Der Kult um Kopf und Schädel. Interdisziplinäre Betrachtungen zu einem Menschheitsthema, Heidelberg et al. 2012, 117-130.

Zemanek, David: Schädelkulte bei den Ejagham und benachbarten ethnischen

Gruppen, in: Wieczorek Alfried/Rosendahl, Wilfried/ Schlothauer, Andreas (Hrsgg.): Der Kult um Kopf und Schädel. Interdisziplinäre Betrachtungen zu einem Menschheitsthema, Heidelberg et al. 2012, 105-116.

3. Der bunte Kongo

Andresen, Henning: Staatlichkeit in Afrika. Muss Entwicklungshilfe scheitern?, Frankfurt am Main 2010.

Dijk, Lutz van: Afrika. Geschichte eines Kontinents, Wuppertal 2015.

Ehrsam, Thomas/Horlacher, Kurt/Puhan, Margit (Hrsg.): Der weiße Fleck. Die Entdeckung des Kongo 1875 – 1908. Mit einem Essay von Hans Christoph Buch, Wien 2006.

Grill, Bartholomäus: Laurent-Désiré Kabila: Je näher sein Sieg rückt, desto weniger Menschen in Zaire wünschen ihn herbei, in: *Die Zeit* vom 16. Mai 1997 http://www.zeit.de/1997/21/kabila.txt.19970516.xml (10. März 2018)

Johnson, Dominic: Afrika vor dem großen Sprung, Berlin 2013.

Kuhl, Christoph: Kongo-Greuel, in: Hiery, Hermann (Hrsg.): Lexikon zur Überseegeschichte, Stuttgart 2015, 452-453.

Mbembe, Achille: Ausgang aus der langen Nacht. Versuch über ein entkolonisiertes Afrika, Berlin 2016.

Reybrouck, David van: Kongo. Eine Geschichte, Berlin 2012.

Schicho, Walter: Geschichte Afrikas, Stuttgart 2010.

Streck, Bernhard: Kongo (Fluß), in Hiery, Hermann (Hrsg.): Lexikon zur Überseegeschichte, Stuttgart 2015, 452.

Veit, Alex: Zaire, in: Hiery, Hermann (Hrsg.): Lexikon zur Überseegeschichte, Stuttgart 2015, 881-882.

Veit, Alex: Kongo, Demokratische Republik, in: Hiery, Hermann (Hrsg.): Lexikon zur Überseegeschichte, Stuttgart 2015, 451-452.

Wolf, Thembi: Made in Kongo. Schöne Kleider für schlimme Zeiten, in: *Frankfurter Allgemeine Zeitung* vom 31. Juli 2017, http://www.faz.net/aktuell/stil/mode-design/junge-frau-betreibt-eine-boutique-im-kongo-15127831.html (10. März 2018).

4. Die Erfindung des Rassismus

Blom, Philipp: Die Welt aus den Angeln. Eine Geschichte der Kleinen Eiszeit von 1570 bis 1700 sowie der Entstehung der modernen Welt, verbunden mit einigen Überlegungen zum Klima der Gegenwart, München 2017.

Brentjes, Burchard: Anton Wilhelm Amo. Der schwarze Philosoph in Halle, Leipzig 1977.

Coates, Ta-Nehisi: Zwischen mir und der Welt, Frankfurt am Main 2017.

Geulen, Christian: Geschichte des Rassismus, München 2007.

Hund, Wulf D.: Wie die Deutschen weiß wurden. Kleine (Heimat)Geschichte des Rassismus, Frankfurt am Main 2017.

Kendi, Ibram X: Gebrandmarkt. Die wahre Geschichte des Rassismus in Amerika, München 2017.

McCarthy, Thomas: Rassismus, Imperialismus und die Idee menschlicher Entwicklung, Berlin 2015.

Miles, Robert: Rassismus. Einführung in die Geschichte und Theorie eines Begriffs, Hamburg 1991.

Snowden, Frank M.: Before Color Prejudice. The Ancient View of Blacks, Cambridge (USA) 1983.

Speitkamp, Winfried: Kleine Geschichte Afrikas, Stuttgart 2009.

Stockhammer, Robert: Afrikanische Philosophie, Berlin 2016.

Taylor, Keeanga-Yamahtta: Von #Blacklivesmatter zu Black Liberation, Münster 2016.

5. Von wegen geschichtslos:

Ansprenger: Geschichte Afrikas, München 2010.

Fauvelle, François-Xavier: Das goldene Rhinozeros. Afrika im Mittelalter, München 2017.

Fisch, Jörg: Geschichte Südafrikas, München 1990.

Frie, Ewald: Die Geschichte der Welt, München 2017.

Iliffe, John: Geschichte Afrikas, München 2000.

Kendi, Ibram X: Gebrandmarkt. Die wahre Geschichte des Rassismus in Amerika, München 2017.

Mbembe, Achille: Kritik der schwarzen Vernunft, Berlin 2014.

Müller, Willi: Die Umsegelung Afrikas durch phönizische Schiffer ums Jahr 600 v. Chr. Geb., Rathenow o.J.

Scholz, Piotr O.: Nubien. Geheimnisvolles Goldland der Ägypter, Stuttgart 2006.

Sonderegger, Arno: Kurze Geschichte des Alten Afrika. Von den Anfängen bis 1600, Wiesbaden 2017.

Speitkamp, Winfried: Kleine Geschichte Afrikas, Stuttgart 2009.